의료
AI
입문

DOCTOR GA YASASHIKU OSHIERU! IRYO AI NYUMON

© YASUYUKI YAMASHITA

Originally published in Japan in 2019 by KANEHARA & CO.,LTD., TOKYO,

Korean translation rights arranged with KANEHARA & CO.,LTD., TOKYO,

through TOHAN CORPORATION, TOKYO, and Eric Yang Agency, Inc., SEOUL.

가장 쉽게 배우는 의료 AI

의료 AI 입문

야마시타 야스유키 **지음** | **양형규** 옮김

Y█B

프롤로그

딥러닝을 중심으로 한 인공지능(AI)에 대한 관심은 산업계뿐만 아니라 의료 업계에서도 아주 높다. 많은 직종을 AI가 대체할 것이며, 당장은 아니더라도 의사의 업무도 상당 부분 AI가 대행할 것이다. 특히 나의 전문 분야인 영상진단학은 AI에 대한 관심이 높아 전 세계의 연구자와 개발자들이 AI 개발에 각축을 벌이고 있다.

나 또한 AI가 무엇인지 알고 싶어 공부를 시작했는데, 수식이나 프로그램에 관한 내용이 많은 난해한 책이 있는가 하면 내용이 매우 피상적인 책도 많았다. 하지만 의료에 관련된 AI를 다룬 책은 전무했다. 임상의들은 바빠서 프로그램을 짤 시간이 없고, 수학을 어려워한다고 생각하는데 어떠한가? 사실 나도 영상의학과 전문의인지라 프로그래밍 지식이 없다. 하지만 새로운 것을 좋아해 AI를 알려고 많은 책을 읽다가 'AI란 이런 것이구나!' 하고 이해하기 시작했다.

  이 책은 임상의를 비롯한 많은 의료 관계자가 AI를 직관적으로 이해할 수 있도록 수식을 가능한 한 생략하는 대신 풍부한 그림을 예시로 보여주며 설명했다. AI에 대한 방대한 내용을 모두 알 순 없지만, 의료 AI에 관한 내용이라도 대략 이해하길 바라는 마음에서 여러 가지를 고려해 집필했다. 특히 의료 분야 중에서도 영상 진단이나 병리 진단에서는 영상 인식이 중요해 그 부분을 다소 자세히 집필했다. AI를 알게 됨으로써 앞으로 의료 업계로의 응용·보급 가능성과 한계에 대해서도 인지하게 된다면 곧 AI를 접해야 하는 의료인들에게 도움이 될 것이다.

2019년 4월
저자 야마시타 야스유키(山下康行)
구마모토대학 대학원 생명과학연구부 영상의학진단학 교수

왜 의사가 AI, 특히 딥러닝을 배워야 할까? 2016년 구글의 알파고가 우리나라의 이세돌과 바둑 대전을 치른 이후 AI가 더 이상 멀기만 한 일이 아니라 우리 바로 옆에 와 있는 기술이라는 것을 알게 되었다. 알파고는 아직 AI가 인간의 바둑 실력을 당해내지 못할 것이라는 예상을 뒤엎고 4:1로 이세돌에게 승리했다. 2017년엔 당시 세계 바둑 챔피언이던 중국의 커제를 3:0으로 제압했다. 커제가 패배한 후 망연자실한 얼굴로 우는 모습이 중국 전역에 TV로 생중계되었다. 이를 본 중국의 시진핑 주석은 이제 AI 시대가 왔다는 것을 직감했다. 그 후 돈을 따지지 말고 AI에 투자할 것을 명령했다. 그 결과 AI 파워가 미국의 10%도 못 미치던 중국이 현재는 미국을 거의 따라간 수준이라고 여

겨지고 있다.

AI, 로봇, 드론 등을 포함하는 4차 산업혁명 과제 중 현재 세계가 가장 집중하고 있는 분야는 AI다. 영국에서 1차 산업혁명을 일으킨 증기기관이 처음 등장했을 때 세계의 부의 중심이 유럽으로 이동했듯이, 향후 5년 안에 AI 기술 수준이 국가들의 부의 순위를 바꾸어 놓을 것으로 전망되고 있다. 이에 전 세계적으로 AI 전문가의 품귀 현상이 일어나고 있다.

AI 열풍은 의료계에도 이미 불어 닥쳤다. 2~3년 이내에 AI가 영상의학과 전문의를 도와(보조 역할) CT, MRI 영상을 판독할 것으로 예상하고 있다. 캐나다 토론토대학의 제프리 힌튼 교수는 "앞으로 영상의학과 전공의를 뽑아선 안 된다"라고 말할 정도로 영상 진단 분야에서 AI의 비중이 커질 것으로 예상했다. 한국에서도 영상의학 전문의가 병원에서 급여가 가장 높게 형성되어 있음에도 이미 전공의 미달 사태가 일어나고 있다. AI 영상 판독이 활성화되면 영상의학과 전문의는 현재의 50% 미만만 필요할 수도 있다. 그 외에도 내시경 중 용종 절제 시 용종의 크기, 종류, 양성·악성을 즉시 감별해주는 기술은 이미 상업화되어 현재 일본 올림푸스사에서 판매하고 있다. 또 차량용 내비게이션이 운전 경로를 안내하듯 복강경 수술 시 절개, 박리 방향을 안

내해주는 수술용 내비게이션도 개발되어 상업화를 눈앞에 두고 있다. 앞으로 해부 병리 조직 슬라이드 판독에도 AI가 많이 활용될 것이다.

처음 질문에 대한 나의 답은 의사들이 모두 AI 개발자가 될 필요는 없지만, 원리를 대략적이라도 알아야 적절하게 활용할 수 있다는 것이다. 지금은 AI 선진국에 비해 뒤처져 있지만, 우리나라는 저력이 있어 5년 안에 세계 최고의 대열에 합류할 것으로 믿어 의심치 않는다. 이 책은 《의료 AI 입문》이란 제목이 말해주듯, 현시대의 의사라면 누구나 알아야 할 의료 AI 내용을 담은 역작이다. 우리나라도 의료 AI 분야에서 세계적 수준이 되길 기원하는 마음으로 최선을 다해 번역해 보았으나, AI 전공자가 아닌 나의 지식의 한계를 감안해 양해해주길 바란다.

2020년 11월
양형규
대장항문외과 전문의

의료 분야에서 활용하는 AI

AI 시대의 의료

PART

1

의료 AI

POINT

∨ 의료와 AI는 매우 친화성이 높은 관계다.

∨ AI 붐은 이번이 세 번째로 이번만큼은 진짜라고 한다.

∨ AI는 넓은 개념으로, 머신러닝을 포함한다.

∨ 딥러닝은 머신러닝의 하나로, 인공지능(AI) ⊃ 머신러닝 ⊃ 딥러닝의 관계다.

의료와 인공지능은
친화성이 높다

현재 인공지능Artificial Intelligence, AI 열풍이 불기 시작해 AI가 모든 분
야에 영향을 미치고 있다. 특히 의학 분야에서 AI에 대한 기대
가 무척 크다. 의학 정보량이 폭발적으로 증가해 개인 임상의가
전 세계에서 생산되는 정보를 습득하는 것은 거의 불가능하기
때문이다.

2016년, IBM의 인공지능 '왓슨Watson'이 어떤 의사도 진단해내
지 못한 특수 케이스의 백혈병을 단 10분 만에 정확히 진단해낸

일이 화제가 되었다. 이처럼 영상 진단의 영역에서도 AI는 매우 주목받고 있다. 영상의학과 의사나 임상병리과 의사가 판독해야 하는 영상이나 표본의 수가 해마다 증가하고, 의사 한명 당 처리해야 할 양 역시 더욱 증가해 그냥 지나치거나 오진이 늘어날 가능성이 커지고 있다. 하지만 향후 의료용 영상 데이터베이스를 활용한 딥러닝Deep Learning(심층 학습)을 이용한다면 의사의 업무 부담을 줄여 안전하고 정확한 영상 진단이 가능해질 것이다.

유전자DNA에 관한 의료 문제를 해독하는 데도 AI는 필요하다. 빅데이터로 유전자 정보를 학습한 AI가 환자의 유전자를 세세하게 해석한 뒤 그에 맞는 가장 적절한 치료나 투약을 결정하는 개인별 맞춤 의료가 당연해질 것이다.

이렇듯 의료 분야의 AI 도입은 세 가지 이점을 지닌다. 첫 번째, 방대한 정보를 순식간에 처리할 수 있다. 인간은 대량의 정보를 순식간에 처리할 수 없고, 계속 처리하다 보면 피로를 느껴 정확도가 떨어진다. 다량의 의학 논문을 독파한다 해도 내용을 쉽게 잊어버려 필요한 정보를 제때 떠올리기 어렵다. 영상 진단처럼 하루에 판독할 수 있는 CT나 MRI의 양도 한계가 있다.

두 번째, AI의 학습으로 정확성이 높아진다. AI의 학습 속도는 딥러닝의 등장으로 갑자기 빨라졌다. 딥러닝은 많은 데이터를 학습하면서 그 데이터의 어떤 부분에 주목하면 좋을지(특징량)를 스스로 판단한다. 즉 인간이 적절한 지시를 내리지 않아도 수많은 데이터를 학습하면서 스스로 더욱 영리해진다.

세 번째, 결과에 차이가 없다. 같은 의사라 해도 경력이나 기타 여러 가지 요인에 의해 개인마다 지식의 차이가 있고, 축적된 정보나 판단에 따라 진단 결과가 달라질 수 있다. 반면 AI는 주어진 데이터만으로 정확하게 진단하기 때문에 개인의 선입견이나 착각에서 기인하는 오진을 없앨 수 있다. 특히 희소 질병의 경우 전 세계의 데이터를 한곳에 모을 수 있다면 인간보다 정확하고 객관적인 진단을 할 가능성이 더 높다.

이처럼 AI와 의료는 매우 궁합이 잘 맞아 임상 현장에서는 이미 AI의 도입이 시작되었다. 한정된 전문가밖에 할 수 없는 AI 기술이나 판단을 어떤 의사라도 구사할 수 있게 된다면 의료에 있어서 그 혜택은 헤아릴 수 없이 많아질 것이다.

AI의 역사와
의료와의 관계

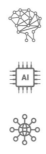

AI 연구의 역사는 '붐'과 '침체기'의 반복이었다. 제1차 AI 붐은 1950~1960년대, 제2차 붐은 1980년대에 찾아왔다. 그러나 AI의 본래 능력이 충분히 파악되지 않은 채 한계가 보이자 침체기에 접어들었다. 하지만 침체기에도 머신러닝Machine Learning의 기초가 되는 여러 가지 아이디어가 계속 제안되면서 2010년 이후 제3차 붐이 일었고, 이는 현재까지 이어지고 있다.

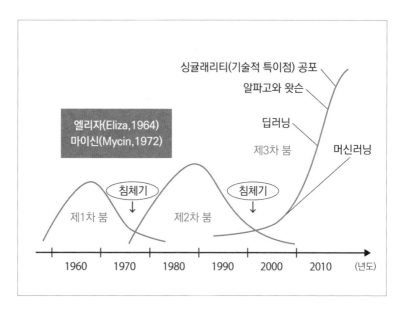

[그림 1] AI 붐

3번째 AI 붐은 딥러닝에 의해 크게 전진했다.

---

* 역주: 2016년 이세돌은 알파고와 5판의 대국을 앞두고 5:0이나 4:1로 승리할 것이라고 발표했다. 6개월 전 알파고가 유럽 바둑 챔피언인 판 후이에 5:0으로 승리했지만, 프로 2단인 판 후이와 비슷한 실력이라고 생각했기 때문이다. 그러나 판 후이와의 대국 이후 알파고는 6개월간 급진적으로 성장했고, 결과는 4:1로 이세돌이 패배했다. 2017년에도 알파고는 세계 바둑 챔피언인 커제와의 대결에서 3:0으로 완승했다. 이세돌은 5판 모두 막상막하로 경기를 이끌어갔음에도 1승만을 거두고 패배했는데, 커제는 3판 모두 시작부터 밀리다가 완패당했다. 이는 AI가 1년간 최고의 바둑기사들의 경기를 학습하며 특징량을 빠르게 학습한 결과였다.

제1차 인공지능 붐
(1950~1960년대)

1956년 여름, 미국 동부에서 열린 다트머스 회의Dartmouth Conference 에서 인간처럼 생각하는 컴퓨터를 '인공지능'이라는 용어로 부르자고 처음 제안했다. 컴퓨터로 '추론'이나 '탐색'이 가능하고, '특정 문제'에 대한 해답도 제시할 수 있게 되면서 제1차 인공지능 붐이 일어났다. 냉전 하의 미국에서는 자연어 처리에 의한 기계 번역이 활발해졌으며, 컴퓨터에 의한 질병 진단도 시도되었다. 그러나 당시 AI로는 미로를 푸는 법이나 정리 증명 같은 단순한 가설 문제는 다룰 순 있어도 여러 요인이 얽혀 있는 현실사회의 과제(예를 들면, 병의 치료를 어떻게 할 것인가 등의 문제)는 풀수 없었다. 이러한 한계에 부딪혀 분위기가 바뀌면서 인공지능은 침체기를 맞이했다.

제2차 인공지능 붐
(1990년대)

제2차 인공지능 붐의 주역은 '전문가 시스템'과 '5세대 컴퓨터 프로젝트'였다. 전문가 시스템이란 특정 분야의 전문지식을 확보해 그 분야의 전문가처럼 행동하는 AI로, 미국 스탠퍼드대학에서 개발한 '마이신Mycin'이 유명하다. 감염증 진단과 치료를 지원하는 전문 시스템인 마이신은 환자의 증상이나 처한 상황을 분석해 '원인균은 ○○균일 가능성이 높다'라고 진단하는데, 실제 마이신의 진단이 젊은 의사의 진단보다 성적이 좋았다. 그 결과 일본의 대기업들은 AI 관련 부서를 신설하기도 했다. 당시 일본의 통산성(현재 경제산업성)이 550억 엔을 들여 실시한 '5세대 컴퓨터 프로젝트'는 많은 일본 기업을 끌어들이며 세계적으로 AI 붐을 일으켰다. 또 미국 시카고대학의 도이 쿠니오 교수 등에 의해 개발된 '컴퓨터 지원 진단Computer-Aided Diagnosis, CAD'도 이 무렵부터 더욱 활발해졌다. 이 책에서 설명할 서포트 벡터 머신, 총체적 학습, 신경망도 이때 주목받았다. 인공지능 관련 학회에서도 '신경망을 활용한 진단'에 관한 발표가 이루어졌던 것을 기억한다. 그러나 당시에는 컴퓨터가 스스로 필요한 정보를 수집해 축적할 수 없었기 때문에 컴퓨터가 이해할 수 있도록 필요한 모든 정보를 사람이 기술해서 입력해야 했다. 비현실적인 일이었다. 결국 1995년경 또다시 인공지능은 침체기를 맞이하고 말았다.

제3차 인공지능 붐
(2000년대 이후)

2000년대 중반, AI 분야 최고의 석학인 캐나다 토론토대학의 제프리 힌튼Geoffrey Hinton 교수는 컴퓨터의 성능 향상과 제어 기술 연구를 바탕으로 '딥러닝'이라는 정밀도 높은 머신러닝을 발표했다. 현재까지 이어지고 있는 제3차 인공지능 붐의 계기가 바로 딥러닝이다. 구글의 고양이 인식이나 알파고, IBM의 왓슨 등 딥러닝을 활용한 사례가 속속 발표·보도되면서 세 번째 인공지능의 붐이 일어났다. 그 후 세계적인 국제영상인식대회인 'ILSVRCImageNet Large Scale Visual Recognition Competition 2012'에서 제프리 힌튼 교수가 인솔하는 토론토대학팀이 딥러닝으로 압도적인 승리를 거둔 것이 주목받으면서 AI 붐에 다시 불이 붙었고, 실용적인 측면에서의 응용도 급속도로 확대되고 있다. 컴퓨터의 성능 향상뿐 아니라 빅데이터를 처리할 수 있게 된 것도 AI 붐에 돛을 달아 주었다. 아직 많은 발표가 연구 단계에 있으며, 붐이 언제까지 지속될지 모르겠지만 의료의 다양한 영역에서도 AI의 도입이 진행되고 있다.

컴퓨터 지원 진단(CAD)   NOTE 1

CAD는 컴퓨터가 의료 영상의 정보를 정량화하거나 분석하면 그 결과를 의사가 다시 판정해 진단에 이용하는 시스템이다. 특히 유방암이나 폐암의 병변 검출, 악성 종양(암)과 양성 종양 감별에 이용된다. 의사는 CAD 시스템이 제공하는 정보를 참조함으로써 영상 판독의 정확도와 속도를 올릴 수 있다. 1985년 시카고대학 카트 로스만 연구소Kart Rossmann Lab.의 도이 교수 등이 연구를 개시했다. 1998년에는 시카고대학에서 라이선스를 받은 벤처기업이 타르 유방촬영술Mammographie CAD를 상품화했지만, 일본에선 그다지 보급되지 않았다. AI 시대가 되면서 새로운 CAD 개발이 기대되고 있다.

AI와 신경망 그리고 딥러닝까지

최근 AI, 머신러닝, 딥러닝이라는 말이 언론에서 한창 거론되고 있다. 이 용어들은 서로 어떤 관계일까? [그림 2]처럼 딥러닝은 머신러닝의 일부이며, 머신러닝은 AI의 일부다. 처음에 생겨난 사고방식이 AI이며, AI는 컴퓨터를 이용해 사람과 같거나 그 이상의 사고 지능을 실현하려는 가장 포괄적인 개념이다.

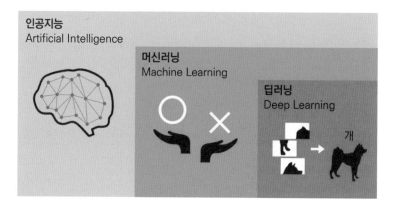

[그림 2] AI와 머신러닝의 관계

인공지능 ⊃ 머신러닝 ⊃ 딥러닝
머신러닝은 AI의 일부로써 인간이 행하는 학습 기능을 컴퓨터로 실현시킨 기술이다. 머신러닝 중 마지막에 등장한 딥러닝은 머신러닝 알고리즘의 하나인 신경망을 다층 구조로 구축한 기술이다.

1956년에 열린 다트머스 회의를 계기로 제1차 인공지능 붐이 불면서 머신러닝이 발전했다. 머신러닝이란, 기계에 데이터를 입력해 학습하게 함으로써 데이터에 내재된 패턴이나 특성을 기계가 발견해 문제를 해결하게 만드는 기술이다. 딥러닝은 머신러닝의 한 기술로 신경망을 발전시킨 것이다. 즉 인공지능 ⊃ 머신러닝 ⊃ 딥러닝의 관계다.

지금까지의 머신러닝은 인간이 사물의 특징(특징량)을 미리 컴퓨터에 입력해 가르쳐줘야 했지만, 딥러닝은 인간의 지시 없이 인공지능 스스로가 색이나 모양 등의 특징량을 학습하고 구별한다. 그래서 딥러닝은 대량의 데이터를 주면 줄수록 스스로 학습하면서 점점 똑똑해진다.

AI의 개념은 매우 광범위하다. 사람과 거리가 멀게 느껴지는 것부터 사람의 지능을 뛰어넘는 것까지 다양한 레벨이 있다.

레벨 1 : 단순 제어 프로그램

온도의 변화에 맞춰 기능하는 에어컨이나 냉장고 등이 소위 인공지능 탑재 전자기기다. 입력과 출력의 관계가 일대일로 대응된다.

레벨 2 : 대응 패턴이 매우 많은 프로그램

바둑이나 장기 프로그램, 청소 로봇, 질문에 답하는 인공지능, 워드프로세서의 문자 변환 등이다. 많은 컴퓨터 프로그램이 이 수준이다.

레벨 3 : 대응 패턴을 자동으로 학습하는 프로그램

머신러닝을 도입한 인공지능으로 검색 엔진이나 빅데이터 분석에 활용된다. 특징량은 인간이 설계해야 한다.

레벨 4 : 대응 패턴 학습에 사용하는 특징량도 스스로 터득하는 프로그램

딥러닝을 도입한 인공지능으로 고도의 분석이 가능하다. 알파고나 자율주행 자동차 등 사람의 능력을 넘어선 것이 대표적이다. 일반적으로 특정 분야에 한정된 특화형 인공지능이다.

레벨 5 : 범용 인공지능

도라에몽이나 우주 소년 아톰처럼 인간과 똑같이 행동할 수 있으며, 때로는 인간보다 뛰어난 능력을 발휘한다. 물론 아직 실현되지 않았다.

인공지능이 발달하다 보면 언젠가는 인간의 지능을 넘어설 때가 올지도 모른다. 그것을 '싱귤래리티Singularity(기술적 특이점)'라고 부른다. 미국의 발명가이자 미래학자인 레이 커즈와일Ray Kurzweil 박사는 "적어도 2045년부터는 인간의 지능과 인공지능의 능력이 역전되어 싱귤래리티에 도달할 것"이라고 말했다. 2045년까지 인공지능이 지수함수적(증가할 때는 폭발적으로 증가하지만 감소는 완만한-역주)으로 진화해 인류가 예측할 수 없는 경지에 이른다는 것이다. 인공지능이 끊임없이 진화하면 스스로를 개량하게 되어 인공지능이 인공지능을 낳는 것이 가능해진다. 그렇게 인공지능이 자기 증폭되면 범용 인공지능이 인류를 대신해 진보의 주역으로 올라서는 SF 같은 일이 일어날지도 모른다. 물론 그렇게 될지 아닐지는 아무도 모른다.

머신러닝의 오픈소스화 NOTE 2

구글이나 페이스북, 아마존 등의 글로벌 기업에서는 자사의 머신러닝 엔진을 누구나 사용할 수 있도록 오픈소스Open Source(무료로 공개된 소스 코드나 소프트웨어. 누구나 이용 가능하며 개발에 참여할 수 있다-역주) 소프트웨어로 공개하고 있다. 구글의 '텐서플로Tensor Flow(딥러닝과 머신러닝 등에 활용하기 위해 개발된 오픈소스 소프트웨어-역주)'가 가장 유명하다. 연구자나 개발자 커뮤니티에서 다양한 아이디어와 기술이 자유롭게 논의되며 공유되고 있다. 텐서플로의 코어 부분은 C++로, 파이썬Python(프로그램을 설계하는 프로그래밍 언어 중 하나-역주)의 사용자 인터페이스가 준비되어 있다. 관심 있는 사람은 아래의 사이트를 참조해보자.

- **Tensor Flow** https://www.tensorflow.org
- **Caffe** https://caffe.berkeleyvision.org
- **Theano** http://deeplearning.net/software/theano
- **Deep Learning for Java** https://deeplearning4j.org
- **Microsoft Cognitive Toolkit**
  https://www.microsoft.com/en-us/cognitive-toolkit
- **Torch** http://torch.ch

2

머신러닝과 통계학은
종이의 앞뒤

POINT

∨ 통계학은 설명을 중시하고, 머신러닝은 예측을 중시한다.

∨ 머신러닝에서의 예측은 각 인자의 가중치가 중요하다.

머신러닝에서의 예측은
각 인자의 가중치가 중요하다

의사 혹은 수련의라면 통계학에 대해 조금은 알고 있을 것이다. AI의 일부인 머신러닝은 통계학을 기초로 한다. 그렇다면 통계학과 머신러닝은 어떤 관계에 있을까?

예를 들면, 키와 몸무게는 [그림 3]과 같이 직선적인 관계에 있다. 이는 가장 단순한 선형 회귀분석이다. 통계학에서는 값이 변동되는 몇몇 인자를 독립변수(x), 변동된 독립변수의 결과 값을 종속변수(y)라고 부르고, x와 y의 관계는 y=ax+b로 나타낸다(a는 기울기, b는 절편). 독립변수가 1개이므로 '단순 회귀분석'이라고 부른다. 선형 회귀식이라고 하면 어려운 느낌이 들 수도 있지만, 중학교에서 공부한 1차 함수와 같다.

y=ax+b의 식을 풀어 말하면, 키(x)를 알면 대충 몸무게(y)를 알 수 있다는 뜻이다. 즉, 기계(컴퓨터)에 키 데이터를 넣으면 몸

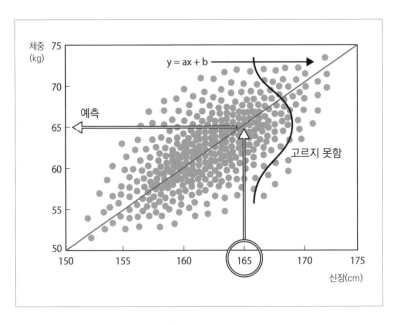

[그림 3] 신장과 체중의 관계

통계적 사고방식으로 키와 몸무게는 상관관계가 있어 1차식 y=ax+b로 나타낼 수 있다. 한편 머신러닝의 사고방식으로는 키를 알면 몸무게를 추정할 수 있다.

무게를 예측해주는 것이 머신러닝의 가장 단순한 모델이다.[*]

1개의 요인뿐 아니라 복수의 요인이 관여하는 경우, 복수의 독립변수가 필요하며 다음과 같은 식으로 나타낼 수 있다.

$$y = a_1x_1 + a_2x_2 + a_3x_3 + \text{----} + b$$

독립변수가 여러 개

이것을 '다중 회귀분석'이라고 한다. '다중 회귀분석에서 혈압을 좌우하는 변수는 무엇인가?'라는 예시로 생각해보자. 일상적으로 쉽게 구할 수 있는 나이, 성별, BMI, 공복혈당 등의 임상 데이터를 취득한 뒤 수천 명분의 데이터 세트를 만들어 학습 데이터로 준다. 그러면 이 데이터를 바탕으로 평균 혈압을 예측할 수 있는 선형 회귀식을 만들 수 있다.

연령

$$y = a_1x_1 + a_2x_2 + \text{----} + a_nx_n + b$$

평균 혈압 수치   **성별**

---

[*] 역주:지도학습은 분류문제와 회귀문제로 나뉜다. 분류는 어떤 범주에 속하는지 알아내는 것이고, 회귀는 어떤 값을 예측하는 것이다. 회귀(Regression)는 한 바퀴 돌아 다시 원래대로 돌아간다는 의미로, 영국의 프랜시스 골턴(Francis Galton)이 부모와 아이의 키의 상관관계를 분석하면서 회귀분석을 성립시켰다. 현재는 평균으로 돌아간다는 의미보다 독립변수와 종속변수 간의 관계를 통계적으로 분석하는 방법을 의미한다.

나머지는 이미 알고 있는 데이터를 많이 넣어 최적의 a_1, a_2, a_3 등의 값을 구한다. a_1이나 a_2 등은 각 독립변수의 영향도나 가중치를 나타낸다. 가중치를 표준화했을 때 값이 클수록 중요한 변수라고 판단한다.[*]

　이처럼 통계학에서는 x와 y가 상관이 있는지를, 다중 회귀분석에서는 어느 변수가 중요한지 등을 설명한다. 한편 머신러닝에서는 각각의 독립변수를 알면 그 종속변수(결과) y를 알 수 있다. 결국 통계학과 머신러닝은 같은 것이며, 통계학은 설명을 중시하는 반면 머신러닝은 예측을 중시한다.

　머신러닝은 입력값(독립변수, 특징량)을 '알고리즘Algorithm'이라고 불리는 식에 입력하고 데이터를 분류해 인식한다. 즉, 알고리즘이란 y=ax+b 등의 통계에서 사용하는 수식(선형 회귀식)을 말한다. 처음에는 각각 인자의 가중치(a_1, a_2, a_3, b의 값)를 모르기 때문에 미리 많은 데이터를 입력해서 가중치를 결정한다. 이 작업을 '학습'이라고 부른다.

---

[*] a_1, a_2, a_3 등의 가중치는 '편회귀계수(매개변수)'라 불리며, 각 함수를 평균 0~1까지의 값에 표준화해서 구한 표준편회귀계수(표준매개변수)의 크기에 의해 영향도를 알 수 있다.

예측에 이용하는 통계학

예측에서는 하나 혹은 여러 독립변수(x)에서 종속변수(y), 즉 결과를 예측한다. 변수에는 양적변수(몸무게나 키 등의 연속 수)와 질적변수(예를 들어 깨끗함, 보통, 더러움 등의 카테고리)가 있어 x와 y가 양적변수인지, 질적변수인지에 따라 이용하는 통계 기법이 다르다.

		독립변수(X)	
		양적변수	질적변수
종속변수 (Y)	양적변수	선형 회귀분석 (단순 회귀분석, 다중 회귀분석)	수량화 방법[**] I
	질적변수	로지스틱 시그모이드 회귀분석 판별 분석	수량화 방법 II

또한 로지스틱 시그모이드 회귀는 '(1)있다'인지 '(0)없다'인지를 예측하는 것이 아니라 종속변수가 1이 될 확률을 예측한다.

상관함수가 산출되어 그 값이 클수록 예측 정밀도가 높다는 것을 의미한다. 또한 표준편회귀계수(표준매개변수)에 따라 가중치(영향도)를 알 수 있다.

[**] 역주 : 질적변수의 각 범주에 적절한 수량을 부여하는 것으로, 수량화에 의해 질적변수를 양적변수로 바꾼다.

3

의료에 사용하는
머신러닝

POINT

∨ 머신러닝에는 입력 데이터와 출력 데이터의 세트(학습 데이터)를 필요로
하는 '지도학습'과 필요로 하지 않는 '비지도학습'이 있다.

∨ 지도학습은 질환을 감별하는 '분류문제'와 수치를 예측하는 '회귀문제'로
분류된다.

∨ 컴퓨터가 학습 데이터를 너무 많이 학습하면 전부 다 암기하게 되어 응
용력이 다소 떨어진다(과적합).

머신러닝의 종류

머신러닝은 풀고자 하는 목표에 따라 크게 '지도학습Supervised Learning'과 '비지도학습Unsupervised Learning'으로 구분된다.

지도학습은 입력 데이터와 출력 데이터(결과)가 모두 필요하다. 비지도학습은 입력 데이터만 제공하면 입력 패턴을 파악해 비슷한 데이터끼리 그룹화한다. 이외에 지도학습과 비지도학습처럼 고정적이고 명확한 데이터를 바탕으로 한 학습이 아닌 '강화학습Reinforcement Learning'도 있다. 의학 영역에서 자주 사용하는 방법은 지도학습으로, 이 책은 주로 지도학습의 내용을 담고 있다.

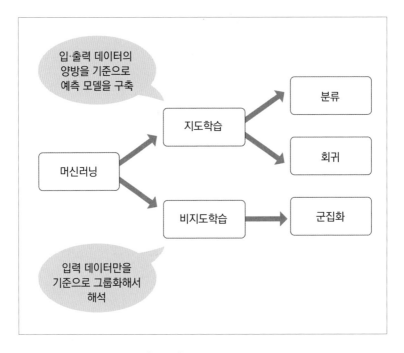

[그림 4] 머신러닝의 종류

지도학습이란?

지도학습은 데이터(입력 데이터)와 그 데이터의 정답(출력 데이터)을 컴퓨터에 입력해 특징이나 규칙을 학습하는 방법으로, 학습을 위한 데이터가 많이 필요하다. 다중 회귀 모델 등에서는 그다지 필요하지 않지만, CT 영상의 판독을 습득시키는 머신러닝, 특히 딥러닝에서는 수천~수만 증례를 모아야 한다. 그리고 각각의 영상 데이터에 대한 판독 결과가 무엇인지 정답도 제공해야한다.

예를 들어 폐암의 영상과 '이것은 폐암이다'라는 정답을 낸 증례, 폐암이 아닌 영상과 '이것은 폐암이 아니다'라는 정답을 낸 증례를 준비해야 한다. 악성과 양성 감별에 도움이 되는 소견(특징량)도 가르쳐준다(딥러닝에서는 특징량을 가르쳐줄 필요가 없다). 그다음 많은 영상의 소견을 해석해 악성과 양성을 잘 분류할 수 있는 알고리즘을 만들면 그 규칙에 따라 컴퓨터가 신속하게 감별한다.

지도학습이란 많은 증례에서 '이런 특징이 있는 영상은 폐암이다'라는 규칙을 찾아내는 것이다. 컴퓨터에 입력할 수 있는 형태로 되어 있다면 수치나 문자, 영상 등 어떤 것이든 학습할 수 있다. 나중에 자세히 말하겠지만, 영상은 수치 데이터로 변환해 처리한다.

지도학습은 '분류문제'와 '회귀문제'로 크게 구분한다. 분류문제는 어떤 기준에 의거해 데이터를 분류함으로써 결과를 예측하는 방법이다. 결과(출력)는 양성·악성의 감별과 질환의 유무 등 2개의 범주로 이루어진 데이터(2등급 분류문제) 뿐만 아니라 여러 질환의 감별 진단 등 다수의 범주로 된 데이터(다등급 분류문제)를 이용하는 것도 가능하다. 회귀문제는 수치를 예측하는 방법이며 그 결과는 출혈량, 검사 데이터 등의 수치 데이터가 된다.

기본적으로 머신러닝은 이들 중 하나를 결과로 출력한다. 우리가 자주 사용하는 것은 분류문제다.

분류문제 :
질환의 감별

분류문제는 데이터를 여러 그룹으로 나누는 방법이다. 학습한 결과(출력)는 질환의 유무, 종양의 종류 등 이산값(변수의 가능치가 도약적으로 변하는 값)이 된다. 의학에서 분류문제로 자주 사용되는 것은 종양의 양성·악성 감별이다. 영상 진단을 예로 들면, 폐종양이 양성인지 악성인지를 종양의 크기, 표면의 매끄러움, 석회화 등으로 감별한다. 또 종양의 종류를 검사 데이터로 감별하는 경우 CEA나 α-FP 등의 종양표지자의 값으로 감별한다.

치료 효과나 예후 등도 분류문제로 취급할 수 있다. 나중에 자세히 설명하겠지만, 분류를 실행하기 위한 일반적인 알고리즘에는 서포트 벡터 머신, 부스팅 및 배깅에 의한 결정 트리, K-최근접 이웃 알고리즘, 단순 베이스, 판별 분석, 로지스틱 시그모이드 회귀 및 신경망 등 매우 많은 종류가 있다.

분류문제는 어느 알고리즘을 사용할지 선택할 때 선형으로 분리가 가능한지의 여부가 매우 중요하다. 선형 분리가 가능한 데이터는 [그림 5]의 Ⓐ처럼 데이터를 직선으로 단번에 그룹 지을 수 있다. 한편 [그림 5]의 Ⓑ는 1개의 직선을 그어서는 그룹을 적절히 분리할 수 없다. 이러한 데이터를 선형 분리가 불가능한 데이터라고 부르며 데이터를 두 그룹으로 구분한 선을 '결정 경계'라고 부른다.

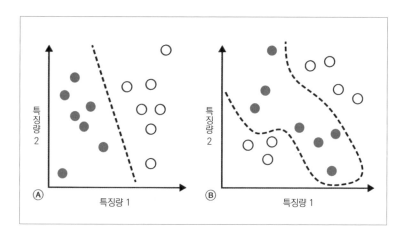

[그림 5] 선형 분리가 가능한 데이터(Ⓐ)와 선형 분리가 불가능한 데이터(Ⓑ)
산포도에서 두 그룹으로 나눌 때 직선으로 분류할 수 있는 것(Ⓐ)과 직선으로 분류할 수 없는 것(Ⓑ)으로 나눈다.

회귀문제 :
수치 예측

분류문제는 입력된 데이터가 어느 그룹에 속하는지 판정하는 것이라면, 회귀문제는 데이터군에서 그 데이터를 잘 설명할 수 있는 선을 구해 수치로 답을 내는 것이다. 단순 회귀나 다중 회귀가 대표적이다. 앞에서 설명한, 키에서 체중을 예측하는 것이 바로 회귀문제다.

종양의 양성과 악성의 감별은 분류문제지만, 양성일 확률이 얼마나 되느냐로 수치화하면 회귀문제가 된다.* 그런 의미에서 같은 데이터라 하더라도 사용하는 통계 수법에 따라 분류문제와 회귀문제 둘 다 될 수 있다.

---

* 두 그룹의 분류를 확률 등으로 표현함으로써 회귀문제로 변경할 수 있다(로지스틱 시그모이드 회귀분석 등).

학습이란?

지도학습에서는 입력·출력 데이터 세트를 차례로 학습하면서 그때마다 모델을 미세하게 조정한다. 예를 들면, [그림 6]처럼 손으로 쓴 숫자의 인식 알고리즘에서는 여러 데이터를 통해 글씨의 특징적인 패턴을 점점 이해하게 된다. 또 [그림 7]과 같이 산포도를 분류할 경우 학습을 거칠수록 가장 좋은 분류가 되는 선을 선택한다.

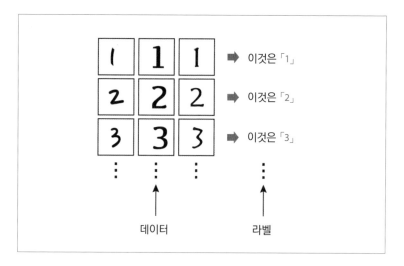

[그림 6] 데이터와 라벨의 관계

합성곱 신경망 Convolutional Neural Network, CNN **등에 의한 영상 인식에서는 손으로 쓴 데이터보다 라벨(위의 경우 숫자)을 부여한다.**

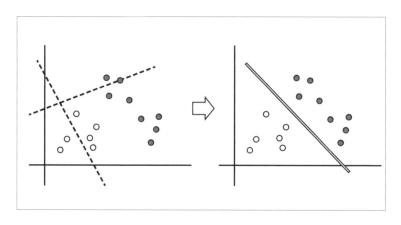

[그림 7] 산포도의 분류

산포도에서 두 그룹으로 분류할 경우 학습 데이터를 적용했을 때 훨씬 잘 분류되는 선
을 선택한다. 즉, 좌측보다는 우측 그림의 선을 선택한다.

y=ax+b와 같은 선형 회귀 모델의 경우 많은 학습을 통해 a(기
울기)와 b(절편)를 결정한다. [그림 8]의 Ⓐ는 선에서 벗어난 데이
터가 많다. 즉 이 선으로는 실제 데이터를 잘 나타내지 못한다.
이럴 경우 최소제곱법 등을 사용해 데이터가 직선 위에 잘 모
이도록 직선의 기울기와 절편을 조정한다(p62 [그림 14] 최소제곱
법 참고). 그 결과 [그림 8]의 Ⓑ가 되면 직선 위에 데이터가 더 잘
모여 있다는 것을 알 수 있다.

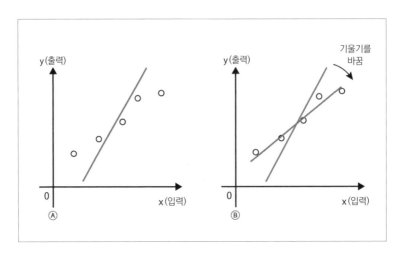

[그림 8] 선형 회귀 모델의 최적화

최소제곱법 등을 사용해 실제 데이터와 직선과의 차이를 최소화하도록 모델을 최적화한다. ⒜보다 ⒝의 직선 위에 데이터가 더 잘 모여 있다.

　지도학습은 많은 데이터를 사용해 이러한 최적의 함수를 자동으로 찾아낸다. 함수를 만드는 복수의 매개변수(가중치 : a_1, a_2, a_3 ⋯ b)를 여러 방법으로 움직여 그 속에서 데이터에 가장 잘 맞는 것을 찾아(최적화) 1개의 함수로 표현함으로써 높은 정밀도로 예측할 수 있는 학습 모델을 만든다. 그 학습 모델을 이용해 미지의 데이터를 분류하거나 식별한다.

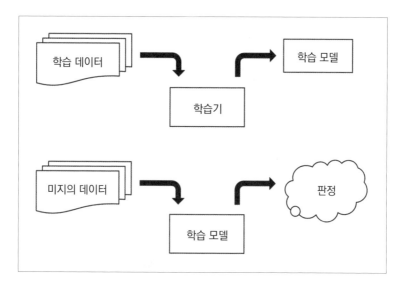

[그림 9] 머신러닝의 과정
학습 데이터를 학습기에 투입해 학습 모델을 만든다. 그다음 학습 처리로 만든 학습 모델을 이용해 미지의 데이터를 판정한다.

일반적으로 다중 회귀분석이나 로지스틱 시그모이드 회귀분석에서는 다수의 독립변수를 사용하는데, 모든 독립변수는 중요한 변수와 그렇지 않은 변수가 있다. 그중 중요한 변수에 큰 가중치를 둔다. 나중에 설명할 신경망이나 딥러닝에서도 학습 모델이 학습을 거듭해 갈수록 영리해지는 것은 이 가중치 부여가 점점 최적화되기 때문이다.

입력 데이터의
학습법

입력 데이터의 학습법에는 두 가지가 있다. 데이터를 모두 읽고 학습이 올바르게 행해졌는지 판단한 뒤 피드백을 시행하는 '배치학습Batch Learning'과 데이터를 1개씩 읽고 모델 갱신을 반복하며 학습하는 '온라인학습Online Learning'이다. 대량의 입력 데이터를 일괄적으로 학습할 때 배치학습을 통해 피드백하면 고속으로 처리할 수 있다. 온라인학습은 학습하는 데 시간이 오래 걸린다. 그러나 온라인학습은 1회 학습당 계산량이 적어 변화에 유연하게 대응할 수 있다. 최근 화제가 되는 딥러닝 등의 고도의 머신러닝 모델은 정확도 향상을 위해 방대한 데이터를 이용해 수시로 학습해야 하므로 온라인학습이 이용된다.

과적합의 함정

지도학습에서는 데이터를 정확하게 설명할 수 있는 복잡한 모델을 사용하면 얼마든지 오차를 줄일 수 있지만, 학습 데이터에

50

정확하게 근사시킨 모델이 꼭 좋은 모델이라고는 할 수 없다. 확실히 많이 학습하면 학습 데이터는 오차가 거의 0이 될 정도로 식별할 수 있다. 그러나 이러한 모델은 학습 데이터 이외의 데이터를 사용할 땐 적합하지 못하다. 이를 '과적합Overfitting'이라고 부른다. 모델이 지나치게 학습해 일반성이 없어지고 새로운 데이터에 대응할 수 없기 때문이다(이를 '범용성이 없어진다'라고 한다). 특히 전체를 충분히 반영하고 있다고 할 수 없는 적은 데이터에 대해 복잡한 모델을 사용할 경우 과적합할 가능성이 높아진다. 마치 모의시험 답을 통째로 암기했지만, 실제 시험문제에는 대응할 수 없게 되는 상태와 같다. 이와 반대로 미지의 데이터에 잘 대응하는 것을 '범용성이 좋다'라고 한다. 이 과적합은 지도학습의 회귀문제에서도, 분류문제에서도 볼 수 있다. 또 딥러닝에서도 일어나는 문제다.

과적합의 한 예로, 손글씨를 인식하는 머신러닝을 생각해보자. 내 필체를 철저히 학습시키면 내가 쓴 난필도 거의 완벽하게 인식할 수 있게 된다. 그러나 그 알고리즘은 다른 사람이 쓴 글씨는 판별을 잘하지 못한다. 이는 알고리즘이 내 글자의 습관을 완벽하게 학습해 범용성이 없어졌기 때문이다.

과적합은 머신러닝을 시행할 때 자주 일어나는 현상으로, 데

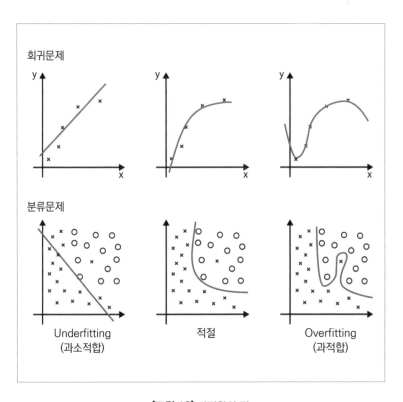

[그림 10] 과적합의 덫

모델에 대해 학습량이 부족하면 회귀직선을 타지 않거나 깔끔하게 분류할 수 없다. 반대로 과도하게 학습하면 학습 데이터에 너무 적합해져 오히려 새로운 데이터에 대해서는 적합하지 않게 된다.

이터 세트가 부족하거나 치우침이 있을 경우 모델이 학습 데이터의 노이즈나 편중을 학습하기 때문에 새로운 데이터에 대해 대응이 어려워진다.

대책은 몇 가지가 있다. 특징량의 수를 줄이거나, 정규화*를 도입하거나, 제거(탈락) 등의 기술을 사용하거나(p146 PART 8 딥러닝에서의 과적합 참고), 보다 단순한 알고리즘을 사용하는 것이다. 또 정규화나 교차 검증**, 학습 곡선의 확인에 의해 기존 데이터만으로도 범용성의 평가가 가능하다.

-----

* 특징량 값의 범위를 일정 범위에 들어가도록 수식을 변환하는 것. 예를 들면 값이 1, 2, 3, 4, 5인 데이터를 0~1 사이에 분포하는 것으로 정규화하면 각각 0, 0.25, 0.5, 0.75, 1이 된다. 정규화를 실시하면 극단적인 값을 억제해 모델이 과도하게 데이터 세트의 영향을 받지 않는다.

** 과적합의 대책으로써 데이터를 학습용과 평가용으로 분리해 평가하는 방법. 예를 들어 [그림 11]처럼 데이터를 5분할 해 1~5처럼 평가를 거친 후 마지막에 평균을 산출한 것이 '인식률'이다. 교차 검증을 통해 모델의 범화 가능성을 평가하는 것이 가능해진다.

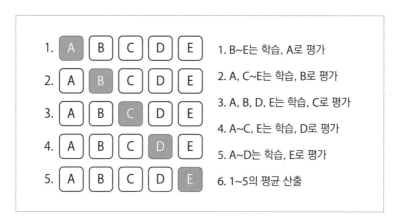

[그림 11] 교차 검증

표본 데이터를 분할한 뒤 그 일부를 먼저 해석하고, 남는 부분에서 그 해석의 테스트를 실시해 해석한 것의 타당성을 검증·확인하는 수법.

비지도학습이란?

비지도학습의 목적은 정답을 찾아내는 것으로, 컴퓨터에 많은 학습 데이터를 입력한 뒤 스스로 답을 찾아내도록 가르치는 방법이다. 사실 세상에는 애초에 정답이 무엇인지 모르는 것들도 많다. 이렇듯 정답을 잘 모르는 데이터를 컴퓨터가 분석해 구조나 법칙을 찾아내는 방법이 비지도학습이다. 입력 데이터와 출력 데이터의 짝을 만들 필요 없이 데이터를 그대로 넣으면 컴퓨터가 입력 사이의 규칙성을 찾아 데이터를 분류한다. 대표적으

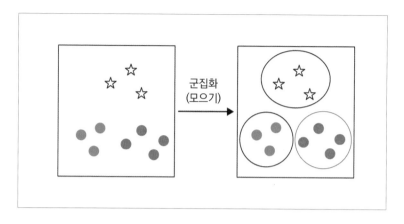

[그림 12] 군집화

데이터 등의 집합체를 기능이나 카테고리가 비슷한 것끼리 자동으로 그룹 짓는 방법이다. 데이터마다 라벨이 필요하지 않다. 머신러닝에서는 비지도학습으로 분류된다.

로 많은 데이터를 몇 개의 비슷한 그룹으로 분류하는 '군집화(클러스터링Clustering)' 방법이 있다.

비지도학습 이외에 강화학습도 있다. 강화학습은 지도학습, 비지도학습과 같이 뚜렷한 데이터(입력 데이터와 출력 데이터 세트)를 바탕으로 한 학습이 아니다. 프로그램 자체가 주어진 상황을 관측하고, 그에 대응하는 행동을 취해 시행착오를 겪음으로써 스스로 행동의 평가를 갱신해나간다. 이러한 연속된 일련의 행동의 결괏값이 최대화되는(보상을 가장 많이 얻을 수 있는) 행동을 자동적으로 학습하는 방법이다. 이 시스템은 주로 게임에 사용된다. 예를 들면 장기나 바둑 경기에서 이기고자 하는 목적을 향해 어떤 행동을 한 뒤 그 행동의 결과(바둑과 장기라면 수)의 득실을 바탕으로 다음 수를 결정하는 식이다. 최고의 바둑기사에게 승리한 뒤 유명해진 알파고에도 강화학습이 사용됐다.

비지도학습과 강화학습은 현재 의료 분야에서 많이 이용하고 있지 않지만, 머신러닝에서는 중요한 기술이므로 기억해두자.

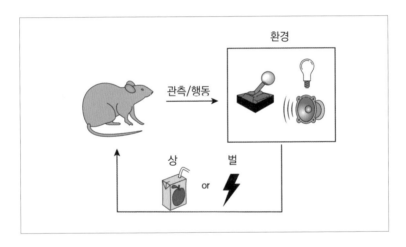

[그림 13] 강화학습

램프가 켜진 상태에서 스피커에서 소리가 났을 때 손잡이를 잡아당기면 보상(주스)을 받을 수 있고, 소리가 나지 않았을 때 손잡이를 당기면 바닥에 전류가 흐르도록 환경을 설정한다. 이 환경에 쥐를 집어넣으면 처음에는 뭘 해야 할지 전혀 몰라 무조건 시도해 볼 수밖에 없다. 쥐는 여러 가지 방법을 시도하다가 어떻게 하면 보상을 받을 수 있는지 알게 되고 최종적으로 규칙을 이해하게 된다. 이처럼 시행착오를 통해 최선의 답을 이 끄는 머신러닝을 강화학습이라고 부른다.

자율주행에도 사용되는 강화학습

많은 자동차 업체가 자율주행 기술로 경쟁하고 있다. 최근에는 구글 등의 소프트웨어 기업도 참여하고 있다. 자율주행 소프트웨어에는 머신러닝이 사용되고 있지만, 기계의 판단에 벌과 상을 주는 강화학습이 이용된다. 예를 들어 주행거리를 상으로 하여 사물에 부딪히면 벌로 주행거리가 0이 된다. 그러면 기계는 어떻게 하면 물체에 부딪히지 않고 주행거리를 늘릴 수 있는지 학습한다. 이러한 학습을 계속 축적하면 안전하게 자동차를 운전할 수 있게 된다.

4

여러 가지
머신러닝

POINT

∨ 자주 사용하는 머신러닝에는 선형 회귀(단순 회귀, 다중 회귀), 로지스틱
시그모이드 회귀, K-최근접 이웃 알고리즘, 서포트 벡터 머신, 결정 트
리 등이 있다.

- -

∨ 총체적 학습(랜덤 포레스트, XG 부스트 등)은 결정 트리와 같은 단순한
학습기를 조합해 더욱 성능을 높인 것이다.

- -

∨ 데이터 분포 패턴에 따라 모델의 성능은 크게 다르다.

선형 회귀
(단순 회귀 또는 다중 회귀)

머신러닝에서 지도학습의 경우 성능을 좋게 하기 위해선 통상적으로 인간이 모델을 설계해야 한다. 성능이 좋은 머신러닝 모델이란, 학습으로 다져진 후의 시험에서 미지의 데이터에 대해서도 좋은 성적을 낼 수 있는 모델을 말한다. 즉, 그 모델의 범용성이 얼마나 높은지에 따라 성능이 평가된다. 본 장에서는 여러 종류의 머신러닝에 대해 자세히 살펴보자.

단순 회귀 및 다중 회귀는 앞에서 설명했듯이 머신러닝에서 가장 초보적인 기법이다. 예측하고 싶은 값을 아래와 같은 식으로 나타내어 각각의 가중치(계수)를 최소제곱법* 등으로 최적화한다.

a는 가중치

$$y = a_1x_1 + a_2x_2 + a_3x_3 + \cdots + b$$

b는 절편

---

* 실측치와 예상치 차이의 제곱(제곱오차)의 합이 최소화되는 식을 구하는 방법으로, 오차를 최소화한다.

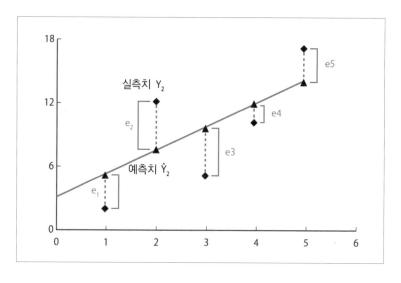

[그림 14] 최소제곱법

예측치에 기초한 y=ax+b의 직선상의 값과 실제 값 사이의 제곱 값을 최소화하는 회귀직선을 구하는 방법.

즉, 입력 데이터에 대해 제곱오차를 최소화하는 직선으로 나타내어 그 계수를 매개변수로 사용하는 방법이다. 의료 영역에서는 선형[**] 회귀를 자주 사용한다. 자주 듣는 다변량 해석 등이 바로 이 선형 회귀에 해당한다. 선형 회귀에서의 값은 선상으로 나열된다.

다중 회귀 모델이나 뒤에 설명할 로지스틱 시그모이드 회귀 모델은 계수(a_1, a_2, a_3···)에 점수를 매긴다. 예를 들어 CT로 폐암

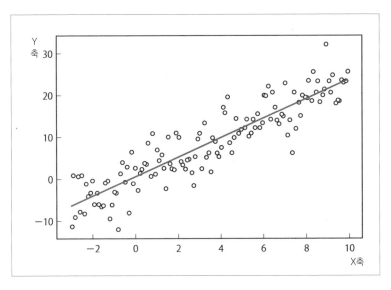

[그림 15] 선형 회귀

선형의 모델에서는 입력 데이터(X)와 출력 데이터(Y)가 선형으로 나타난다.

이 양성인지 악성인지 감별할 때 종양 크기에 대해선 3점, 종양의 경계가 울퉁불퉁하면 1점, 매끄러우면 0점, 석회화가 있으면 1점, 없으면 0점이라는 규칙에 따르고, 소견의 합계 점수가 5점 이상이면 악성으로 판단한다. 입력 데이터에 대해 가중치를 매겨서 점수를 더해가는 식이다.

3×(종양 크기 점수)+2×(종양 경계 모양의 점수)+1×(석회화 여부)≧5 이면 악성

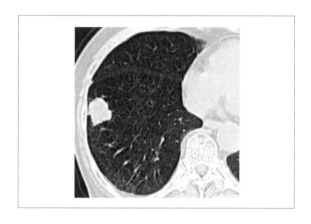

[그림 16] 폐결절 CT의 선형 회귀 모델에 의한 감별

종양 크기(cm) 3점, 종양 경계의 울퉁불퉁함 1점, 석회화 없음 0점.
계산하면 3×3+2×1+1×0=11점으로 악성으로 판단한다.

참고로, 각 소견에 대해 부여하는 점수는 머신러닝에서의 가중치다. [그림 16]의 경우 종양의 지름은 3점이고 석회화는 1점이므로 종양 크기의 점수는 석회화의 3배, 즉 3배 가중된다. 여기에서는 지금까지의 경험을 통해 종양의 크기, 종양 경계의 매끄러움, 석회화의 가중치에 따라 각각 3점, 2점, 1점을 부여했지만 가중치를 이렇게 두어도 괜찮은지에 대해서는 확실치 않다.

그렇다면 '각 CT 소견에 어떻게 가중치를 부여할 것인가(점수 부여)?'는 어떻게 결정하면 좋을까? 우선 양성 종양과 악성 종양의 CT를 많이 수집한다. 그에 대한 각 소견의 점수와 '이것은 양성 종양, 이것은 악성 종양'이라는 출력 데이터(결과)를 사람이 입력한다. 그러면 모델 스스로 양성·악성을 잘 분류할 수 있는 가중치를 다중 회귀분석이나 로지스틱 시그모이드 회귀분석 등의 통계적 수법을 사용해 결정한다.

** 선형은 직선으로 모델화할 수 있는 데이터의 분포이며 비선형은 그 이외의 것을 가리킨다. 다중 회귀 모델과 로지스틱 시그모이드 회귀 모델은 선형 모델이다.

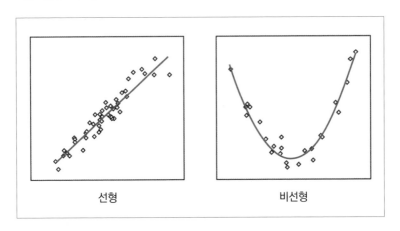

[그림 17] 선형과 비선형

선형은 직선으로 모델화할 수 있지만, 비선형은 직선으로 모델화할 수 없다.

로지스틱 시그모이드 회귀

다중 회귀에서는 종속변수 y의 값이 -∞와 +∞ 사이에서 변화하지만, 그에 대해 종속변수가 1이 될 확률을 구하는 것이 로지스틱 시그모이드 회귀다. 두 가지 선택(양성/악성, 생존/사망 등)의 예측에서 로지스틱 시그모이드 곡선을 사용하면 하나가 될 확률을 산출할 수 있다. 회귀라는 이름이 붙여져 있는데, 실은 분류를 위한 알고리즘이다. 단순한 방법이지만 매개변수의 수도 그리 많지 않고 계산하는 데 시간이 오래 걸리지 않아 자주 사용된다.

구체적으로는 $y = a_1x_1 + a_2x_2 + a_3x_3 + \cdots + b$ 식에서 y 대신에 $\log_e \dfrac{p}{1-p}$ 를 대입한다.

$$\log_e \frac{p}{1-p} = a_1x_1 + a_2x_2 + a_3x_3 + \cdots + b$$

p는 확률이다. [그림 18]처럼 다중 회귀식에서는 직선이지만, 로지스틱 시그모이드 회귀식에서는 0~1까지의 S자 곡선이 된다.

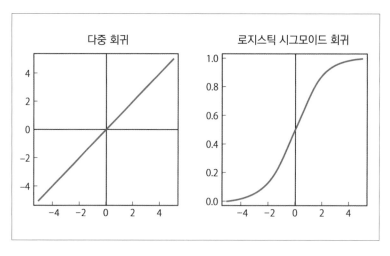

[그림 18] 다중 회귀와 로지스틱 시그모이드 회귀의 차이

다중 회귀에서 y의 값은 여러 가지 값을 취해 직선적으로 증가하지만, 로지스틱 시그모이드 회귀에서는 0~1 사이를 매끄럽게 증가한다.

로지스틱 시그모이드 회귀는 다음과 같이 변형할 수 있다.

$$p = \frac{e^{a_1x_1 + a_2x_2 + a_3x_3 + \cdots + b}}{1 + e^{a_1x_1 + a_2x_2 + a_3x_3 + \cdots + b}}$$

즉, 각 인자(독립변수)를 알면 그 확률을 구할 수 있다.

로지스틱 시그모이드 회귀 모델의 특징

① 그 그룹에 속할 확률을 계산할 수 있다.

② 학습은 온라인학습이든 배치학습이든 모두 가능하다.

③ 예측 성능은 정확도가 떨어지지만 학습 속도는 빠르다.

④ 과적합 방지를 위한 정규화항이 추가되어 있기 때문에 과
적합에 강하다. 로지스틱 시그모이드 회귀 모델은 선형 분
리하는 알고리즘이므로 결정 경계는 직선이 된다.

K-최근접 이웃 알고리즘
(K-Nearest Neighbor)

판정해야 할 데이터가 어디에 가장 가깝냐는 것을 최근접 이웃 K개를 모아 다수결로 판별하는 방법이다. 지도학습의 분류문제에 속하며, 가장 단순한 머신러닝이라고 불린다. 회귀문제로 사용할 수도 있다.

입력 데이터의 근방에 있는 K개의 기존 데이터 중 가장 수가 많은 클래스를 예측하는 알고리즘이므로 K의 값에 따라 결정 경계가 달라진다. K의 값이 클수록 결정 경계는 부드러워지지

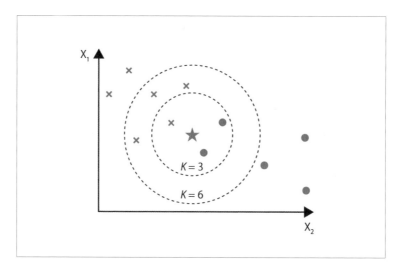

[그림 19] K-최근접 이웃 알고리즘

★점 근방의 다수결로, K=3으로 하면 ●로 판단되며, K=6으로 하면 ×로 판단된다.

만, 계산 시간은 오래 걸린다.

K-최근접 이웃 알고리즘의 특징

① 데이터를 하나하나 순서대로 입력한다.

② 기본적으로 전체 데이터와 거리 계산을 해야 하기 때문에 예측 계산에 시간이 걸린다.

③ K의 값에 따라 다르지만 예측 성능이 높은 편이다.

머신러닝이 잘하는 분야, 잘 못 하는 분야   NOTE 5

머신러닝이 잘하는 것은 다음의 3개 분야다.

① 대량의 데이터를 다룬다. 기계이므로 대량의 데이터 처리는 당연히 인간보다 우수하다.
② 데이터를 다양한 각도에서 검증하고, 공통의 특징이나 패턴을 찾아낸다. 특히 딥러닝에서는 인간이 생각하지 못하는 특징을 찾을 가능성이 높다.
③ 감정이나 배려가 없는 기계이므로 정해진 규칙에 따라 흔들림 없이 판단한다. 물론 융통성도 없다.

한편, 잘하지 못하는 분야는 학습하지 않은 것은 처리할 수 없다. 충분히 학습된 바둑이나 장기 소프트웨어라도 처음 보는 전술에는 대응하지 못한다. 그러므로 지금까지 본 적 없는 질병이나 희귀한 질환에 대한 처리도 어렵다. 사람이 빨리 끝낼 수 있는 규모의 작은 일에는 서툴러서 머신러닝의 장점을 살릴 수 없다. 치밀한 대응도 어렵다. 이처럼 머신러닝은 비효율적인 부분이 많기 때문에 머신러닝의 특성을 알고 머신러닝에 맡길 것과 인간의 손으로 해야 할 것을 구분해 사용할 필요가 있다.

서포트 벡터 머신
(Support Vector Machine, SVM)

지도학습의 하나로 분류문제를 풀 때 이용되는 대표적인 알고리즘이다. 분류할 때 두 그룹 간 거리(마진)가 가장 커지는 경계를 찾는다. 범용성이 높고 매우 우수한 패턴 구별 능력을 지녔다고 알려져 있다. 구체적으로 보면 [그림 20]처럼 그룹 간 최대 거리를 찾아내어 그 한복판에 식별하는 선을 긋는다. 본래는 선형 분리가 가능(예를 들면 평면에서는 직선으로 경계선을 그을 수 있음)한 데이터밖에 분류할 수 없지만, 커널함수*를 사용해 비선형 분류

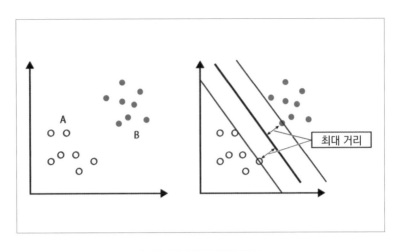

[그림 20] 서포트 벡터 머신
두 그룹 간 거리가 가장 먼 한복판에 경계선을 긋는다.

문제에도 응용할 수 있게 되었다.

서포트 벡터 머신의 특징

① 그룹 간 거리를 최대화해 매끄러운 경계선을 학습할 수 있다.

② 커널함수를 이용함으로써 비선형 데이터도 분석할 수 있다.

③ 선형 커널이라면 차원수가 많은 소소한 데이터(데이터 값이 거의 0)도 학습할 수 있다.

④ 배치학습이나 온라인학습 모두 할 수 있다.

AI의 요소 기술로 오래전에 제안된 방법이지만 2000년 이후부터 주목받고 있다. 현재 알려진 알고리즘에서 성능이 좋은 알고리즘 중 하나다. AI가 취급하는 복잡한 모델은 그룹의 평균치보다 경계선 부근의 미묘한 사례를 중시하는 것이 많아 서포트 벡터 머신의 이점이 되고 있다.

---

* 선형 분리가 불가능한 데이터에서도 커널함수를 사용해 특징량을 유사하게 추가함으로써 데이터를 보다 고차원으로 선형 분리하는 방법. 예를 들어 [그림 21]처럼 평면에서는 분리되지 않는 데이터에 Z축을 추가해 3차원으로 데이터를 변형하면 선형 분리가 가능하다.

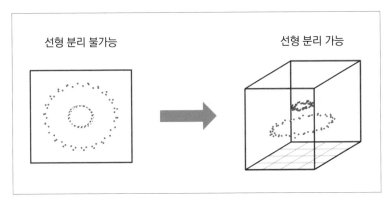

[그림 21] 커널함수

왼쪽 평면 위의 점을 분류할 경우 이대로라면 선형에서 분리할 수 없지만, 오른쪽 그림과 같이 Z축을 추가해 데이터를 변형하면 평면으로 깔끔하게 분할할 수 있다.

결정 트리
(Decision Tree)

결정 트리는 조금 특이한 알고리즘이다. 데이터를 단계적으로 복수의 그룹으로 분류하는 지도학습의 하나로, 분류뿐 아니라 회귀문제에도 응용할 수 있다.

간종양 감별 시 양성 간종양(혈관종)인지, 악성 간종양(전이성 간암)인지 MRI의 신호 강도와 종양표지자의 값(CEA)으로 감별한다. 과거의 증례를 모으면 [그림 23]의 ⓐ와 같은 분포로 나타낼 수 있다.

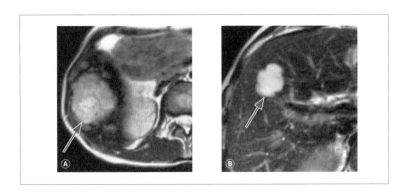

[그림 22] 결정 트리에 따른 간종양의 감별

간암의 MRI(T2 강화영상)

Ⓐ : CEA가 12ng/ml, 신호 강도 1.6으로 전이성 간암으로 진단한다.

Ⓑ : CEA가 15ng/ml로 높지만 신호 강도가 1.8보다 크기 때문에 양성 종양(혈관종)으로 진단한다.

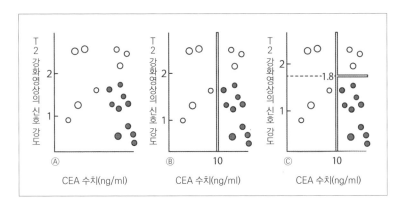

[그림 23] 결정 트리에 따른 간종양의 감별

담낭암 환자 중에서 간종양을 가진 환자의 전이성 간암(●)과 혈관종(○)의 CEA 수치, MRI(T2 강화영상)의 신호 강도를 나타낸 분포표다. 오른쪽으로 갈수록, CEA의 값이 올라갈수록 T2 강화영상의 신호 강도가 높다.

여기에서 전이성 간암과 양성 간종양(혈관종)을 분류하려면 어떻게 해야 할까?

① 우선 CEA의 값(가로축)에서 10ng/ml를 경계로 구분하면, 10ng/ml 이상은 전이성 간암과 양성 간종양의 그룹, 10ng/ml 미만은 양성 간종양의 그룹으로 대충 분할할 수 있다([그림 23]의 ⑧).

② CEA 10ng/ml 이상은 전이성 간암과 양성 간종양이 섞여 있으므로 이번에는 MRI의 T2 강화영상에서 신호 강도를 주목한다. 신호 강도 1.8을 경계로 보면 전이성 간암과 양성 간종양을 완전히 나눌 수 있다([그림 23]의 ©). 이상의 흐름을 그림으로 나타내면 [그림 24]처럼 된다.

결정 트리의 특징

① 학습한 모델을 사람이 보고 이해하기 쉽다.

③ 입력 데이터의 정규화가 필요 없다.

④ 특정 조건하에서는 과적합에 빠지기 쉽다.

④ 비선형 분리는 가능하지만 선형 분리는 잘 안 된다.

⑤ 등급별 데이터 수에 치우침이 있을 때는 좋은 결과가 나오지 않는다.

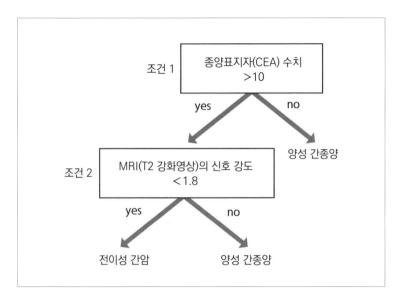

조건 1 　종양표지자(CEA) 수치 >10

yes　　no

조건 2 　MRI(T2 강화영상)의 신호 강도 <1.8

양성 간종양

yes　　no

전이성 간암　　양성 간종양

[그림 24] 결정 트리로 전이성 간암과 양성 간종양을 판별

조건에 따라 차례로 분류하면 양성 간종양과 전이성 간암을 판별할 수 있다. 이처럼 결정 트리에서는 결과를 속성별로 분류하고, 그 결과로 추론 모델을 만들어 미래를 예측한다.

⑥ 데이터의 작은 변화에도 결과가 크게 변하기 쉽다.

⑦ 예측 성능은 정확도가 괜찮은 편이다.

결정 트리의 결정 경계는 반드시 직선이 되지는 않는다. 이 선은 영역 분할을 반복함으로써 영역 경계를 만들기 때문이다. 따라서 선형 분리가 가능한 문제보다 선형 분리가 불가능한 문제에 적용하는 것이 좋다. 결정 트리 알고리즘에서는 이해하기 쉬운 결과를 얻을 수 있지만, 모델 작성 시 데이터에 대해 과적합이 되기 쉽다. 그래서 복수의 결정 트리를 조합한 다음 제시하는 총체적 학습이 제안되고 있다.

차원의 저주   NOTE 6

머신러닝에서 특히 영상 판독을 하는 경우 어떤 종류인지 알기 위해서는 색상, 모양, 크기 등 많은 특징을 파악해야 한다. 이 특징들을 '차원(매개변수)'이라고 부른다. 차원이 많으면 많을수록 판독의 정확도는 높아진다. 그러나 그만큼 많은 데이터가 필요하고 한정된 데이터로는 충분한 학습을 할 수 없다. 그뿐 아니라 편성 수가 증가하고 계산 시간도 길어진다. 이러한 단점을 '차원의 저주'라고 부른다. 이를 막으려면 차원의 수를 적당히 줄이거나(차원의 압축: 하이퍼 매개변수 최적화) 차원에 가중치를 부여하는 등의 대책이 필요하다.

총체적 학습

결정 트리와 같은 단순한 알고리즘은 성능에 한계가 있지만, 단순한 알고리즘을 여러 개 조합하면 더욱 성능이 좋은 알고리즘을 만들 수 있다. 대표적인 것이 '랜덤 포레스트'와 'XG 부스트'다.

┌ 랜덤 포레스트(Random Forest)

랜덤 포레스트는 결정 트리를 많이 모은 알고리즘이다. 예를 들어 [그림 25]처럼 결정 트리를 많이 모아 다수결을 취하면 단순히 1개의 결정 트리로 분류하는 것보다 정확도가 높아진다(하나로 결정하는 것보다 여러 개를 집어넣어 결정하는 게 정답에 더 근접한다). 단점은 결정 트리보다 많은 데이터가 필요하다. 랜덤 포레스트

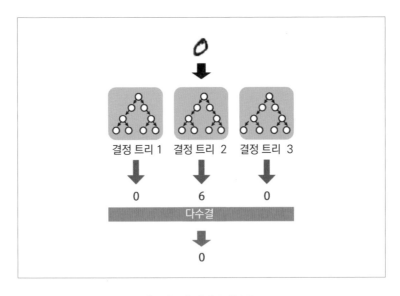

[그림 25] 랜덤 포레스트

결정 트리 1과 3은 0으로 판단, 결정 트리 2는 6이라고 판단했지만 다수결에 의해 0으로 최종 판단한다.

라는 이름은 결정 트리가 모여 총체적 학습을 실시하기 때문에 '숲'이라고 칭해진 데서 유래됐다. 매개변수의 수가 적기 때문에 수정이 비교적 용이한 편이다.

XG 부스트(XG Boost)

XG 부스트는 복수의 결정 트리를 1개씩 차례대로 구축하는 알고리즘으로, 최근 주목받고 있다. 랜덤 포레스트처럼 무작위로 결정 트리를 만드는 것이 아니라 앞의 결과를 사용해 직렬적으로 얕은 결정 트리를 학습한 뒤 쌓은 지식으로 가중치를 갱신하고 약점을 보강하면서 판단력을 높여간다. [그림 26]과 같이 올바르게 예측된 데이터에 대해서는 가중치를 줄이고, 잘못 예측된 데이터에 대해서만 가중치를 크게 해 학습을 강화하면서 점점 판단력을 높인다. 통합 시 가중치를 부여해 다수결이나 평균으로 통합한다.

XG 부스트는 직렬로 학습하기 때문에 시간이 걸리지만, 랜덤 포레스트보다 성능이 뛰어나다. 대규모 데이터도 쉽게 처리해 머신러닝 대회 등에서 인기 있는 알고리즘이다.

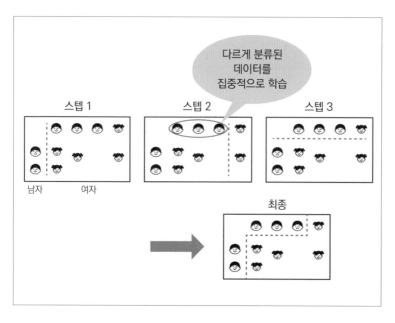

[그림 26] XG 부스트

XG 부스트가 남자와 여자를 나누는 방법은 다음과 같다. 스텝 1단계에서는 모든 학습 데이터에 동일한 가중치를 두고 학습한 뒤 결정 경계를 만든다. 이때 남자는 2명, 여자는 5명 맞추고 있다. 스텝 2단계에서는 스텝 1에서 제대로 인식한 데이터의 가중치를 낮추고 잘못 인식한 데이터의 가중치를 높인다. 높은 가중치가 부여된 데이터는 일정한 경계에서 올바르게 인식했지만, 다른 데이터들은 틀리게 분류되어 있다. 이러한 처리를 반복함으로써 식별 능력을 높여간다. 최종적으로 남녀를 완벽히 구별할 수 있는 경계를 만든다.

단순한 결정 트리에서는 데이터를 추가하면 학습 결과가 크게 달라지는데, 총체적 학습은 학습 결과가 안정된다(견고성* 증가)는 이점이 있다. 예측 성능도 총체적 학습을 한 쪽이 더 좋다. 각각의 결정 트리가 서로 약점을 보완함으로써 더 완벽해지는 것이다.

---

* 역주 : 반복식을 가진 알고리즘에서 일부 초기 가정을 위반했을 때 타당한 추론이 가능한 경우 그 알고리즘은 견고하다고 한다.

머신러닝의
성능

분류문제의 머신러닝에는 지금까지 설명한 것 외에도 많은 종류가 있지만, 각각 잘하는 것과 못 하는 것이 있다. 예를 들면, [그림 27]의 Ⓐ와 같은 분포를 나타내는 데이터는 한 개의 선으로 분류할 수 있다. 로지스틱 시그모이드 회귀와 같은 모델에서 이러한 분류는 식은 죽 먹기다. 그러나 [그림 27]의 Ⓑ와 같은 분포를 나타내는 데이터는 어떨까? 로지스틱 시그모이드 회귀와 같은 선형 모델로는 속수무책이다.

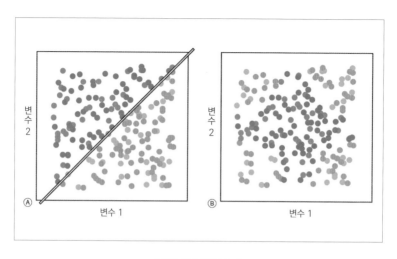

[그림 27] 선형 모델

선형 모델에 의한 데이터 분류에서 Ⓐ와 같은 분포를 나타내는 데이터는 분류할 수 있
지만, Ⓑ와 같은 분포를 나타내는 데이터는 분류할 수 없다.

[그림 28]은 각각의 분포 패턴에 대한 다양한 학습 모델의 성
능을 나타낸 것이다. 이처럼 머신러닝의 성능은 표본의 분포에
따라 크게 다르다는 것을 알 수 있다. 반면 뒤에서 설명할 신경
망은 모든 표본 분포에서 비교적 효율적으로 분류가 가능하다
는 것을 알 수 있다.

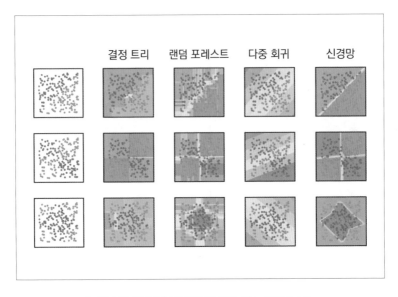

| 결정 트리 | 랜덤 포레스트 | 다중 회귀 | 신경망 |

[그림 28] 데이터 분포 패턴에 따른 학습 모델의 성능

맨 윗줄 같은 분포를 나타내는 경우 어느 모델이든 잘 분류할 수 있지만, 맨 아랫줄 같은 복잡한 분포의 경우 다중 회귀 모델에서는 처리할 수 없다. 신경망은 어떤 경우에도 잘 나누어진다. 랜덤 포레스트는 결정 트리를 기본으로 하고 있으므로 결정 트리와 비슷한 분류 능력을 가진다. 이렇듯 선택하는 머신러닝의 종류에 따라 분류의 정확도가 달라진다.

[그림 29]는 지금까지 설명한 머신러닝을 분류한 표다. 각각의 머신러닝 라이브러리는 인터넷상에도 공개되어 있어 프로그램을 짜고 데이터를 넣으면 여러 가지 종류의 머신러닝을 체험할 수 있다. 관심 있는 사람은 도전해보자.

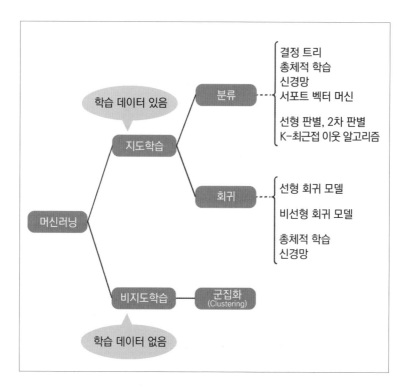

[그림 29] 학습 모델의 분류

머신러닝은 지도학습과 비지도학습으로 크게 나뉘고, 지도학습은 분류문제와 회귀문제
로 나뉜다.

다음은 심장 CT를 2개의 알고리즘으로 비교한 연구를 소개
해보겠다. 섬세한 통계치 및 용어는 신경 쓰지 않아도 되지만,
ROC 곡선 아래 면적Area Under the Curve, AUC의 값이 1에 가까울수록
높은 결과를 보인다는 것을 알 수 있다.

• **배경** : 관상동맥 CT 조영술에서 관상동맥의 협착이 발견될 수 있지만, 반드시 말초 심근허혈의 책임병소가 되지 않을 수 있다. 그런 경우 관상동맥 중재(스텐트) 치료를 해도 소용이 없다. 관상동맥 CT 조영술에서 플라크Plaque가 확인된 증례에서 심근허혈의 책임병소인지 여부를 CT 소견으로 예측할 수 있는지 평가한다.

• **대상** : 관상동맥 CT 조영술로 관상동맥에 플라크가 확인된 56개의 케이스 중 다른 여러 검사에서 협착부가 관상동맥 허혈의 책임병소가 된 케이스는 31개([그림 30]), 책임병소가 아닌 케이스는 25개([그림 31])였다.

• **검토 변수** : 협착률(%), 협착 길이(mm), 플라크의 표면 성상, CT 값 (HU), 석회화 비율(%)

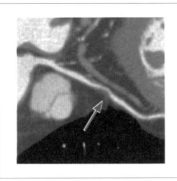 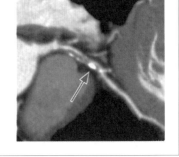

[그림 30] 증례 1	**[그림 31] 증례 2**
(협착부가 책임병소인 케이스)	(협착부가 책임병소가 아닌 케이스)

석회화가 없는 소프트 플라크에 의해 동맥은 협착되어 있다(화살표).
50% 협착; CT 값 61HU; 플라크 길이 7mm

석회화 플라크에 의해 관상동맥이 협착되어 있다(화살표).
75% 협착; CT 값 140HU; 플라크 길이 25mm

실제 증례의 데이터는 다음과 같다. 책임병소인지(1=yes, 0=no)가 종속변수, 관상동맥 이후의 데이터가 독립변수다.

실제 입력 데이터

	책임 병소	관상 동맥	CT 값	석회화	플라크 종류	협착률	협착 길이	연령	성별	고혈압 유무	고지혈증 유무	당뇨병 유무	BMI	흡연 유무
1	1	RCA	76	35	2	99	26	67	M	0	1	0	25	0
2	1	LAD	113	75	2	99	18	66	M	1	1	0	24	0
3	1	LAD	74	40	2	75	12	68	F	1	1	0	21	0
4	1	RCA	110	25	2	50	46	67	M	0	1	0	25	0
⋮														
⋮														
56	0	CX	55	15	2	75	5	76	M	0	0	1	22	0

결과 : 로지스틱 시그모이드 회귀

	오즈비	95% 신뢰 구간	P 값
협착률	0.12	0.05 ~ 0.23	.007
협착 길이	0.30	0.02 ~ 0.74	.081
플라크의 표면 성상	2.31	−0.58 ~ 5.60	.115
CT 값	0.02	−0.01 ~ 0.06	.306
석회화율	−0.04	−0.12 ~ 0.02	.259

결과 : 랜덤 포레스트

	지니계수*
협착률	7.8
협착 길이	6.0
플라크의 표면 성상	4.5
CT 값	3.5
석회화율	2.8

* 작을수록 가중치가 높다.

결과 : 진단 능력의 비교(AOC 해석에 의함)

	AUC 값(Aera Under the Curve)*
로지스틱 시그모이드 회귀	0.89
랜덤 포레스트	0.94

* 1에 근접할수록 진단 능력의 정확도가 높다.

로지스틱 시그모이드 회귀에서도, 랜덤 포레스트에서도 협착률과 협착 길이가 중요한 인자라는 것을 알 수 있다. 그러나 양자의 진단 능력을 비교해보면 랜덤 포레스트가 높은 성적을 낸다.

ROC(Receiver Operating Characteristic) 해석   NOTE 7

ROC는 제2차 세계대전 당시 날아오는 물체가 비행기인지 새의 무리인지를 판단하는 레이더 시스템의 능력을 평가하기 위해 개발됐다. 그후 인간의 시각, 지각 검출, 특히 영상 진단의 성능을 평가하기 위해 응용되고 있다. 영상에서 병이 있는지 없는지를 판단하고 싶은 경우 어디에서 분류하느냐에 따라 진양성과 위양성은 달라진다. 이 분류점을 여러 가지로 바꾸고 가로축에 위양성, 세로축에 진양성 비율을 따 만든 것이 ROC 곡선이다. ROC 곡선 아래의 면적(AUC)은 성능이 좋은 것을 나타낸다. 0부터 1까지의 값을 따서 완벽한 때의 면적은 1로, 제멋대로 추측한 경우는 0.5다. 아래의 그림에서 곡선 밑면적은 ①〉②〉③의 순서로 성능이 좋다는 것을 의미한다.

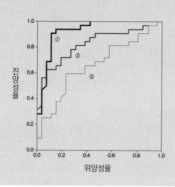

5

진단에 응용한
베이즈 정리

POINT

∨ 베이즈 정리는 사전확률과 우도(Likelihood : 가능성. A가 발생했을 때 B가 일어날 가능성)로부터 사후확률을 이끌어내는 정리(사후확률 ∝ 사전확률 × 우도)다.

∨ 검사 전 오즈 × 우도비 = 검사 후 오즈

∨ 베이즈 정리는 임상 방침의 의사결정에 도움이 된다.

베이즈 정리란?

베이즈 정리Bayes' Theorem는 임상 방침의 의사결정에 도움이 되는 통계적 수법이다. 이 정리는 영국의 목사 토마스 베이즈(1702~1761)에 의해 제창된 조건부 확률의 정리이며, 통계학의 세계에서는 오랫동안 이단시 되어왔다. 필자가 연수 의사였을 때 베이즈 정리를 이용한 뇌종양의 CT 진단 프로그램을 만들어 학회에서 발표한 적이 있어 개인적으로 흥미를 가지고 있었지만, 그 후 다변량 해석 등이 통계학의 주류가 되어 완전히 잊혔었다. 그러나

최근 베이즈 정리가 각광받기 시작하면서 스팸메일 필터링과 같은 정보 걸러내기나 마케팅 등에 응용되고 있다. 관련 서적도 많이 나와 있어 관심 있는 사람은 찾아 공부해보길 바란다. 여기에서는 머신러닝에 응용되고 있는 의료와 관련된 부분을 소개하고자 한다.

보통 확률 사고방식에서는 날씨를 예상하는 것처럼 미래의 일이 어느 정도 일어날 것인지를 수치화한다. 반면 베이즈 정리는 이미 일어난 것으로부터 원인의 확률을 이끌어내는 정리다. 즉, 시간 축이 거꾸로 되어 있다.

어느 날 아침, 눈을 떴을 때 오늘 날씨가 비가 올지 맑을지 모른다는 생각이 들었다. 대충 오늘 맑을 확률은 50%라고 예상했다. 이 50%가 사전확률이다. 다시 창밖을 봤더니 해 뜰 시간은 벌써 지났는데 밖이 흐리다. 이 결과를 보고 '비 올 확률은 80% 정도 되지 않을까?'로 고쳤다. 이 80%가 사후확률이다. 즉 처음에 한 예상이 창밖을 본 후 변화했다. 이를 의료 진단에 적용할 경우 'CT에서 뇌에 종양이 발견된 환자로, 수막종일 가능성은 빈도적으로 ▲▲%지만(사전확률), 석회화를 보인다는 정보를 더하면 그 가능성은 ◆◆%가 된다(사후확률)'라고 응용할 수 있다.

베이즈 정리를 식으로 쓰면 다음과 같다.

$$P(B/A) = \frac{P(A/B) \times P(B)^{*}}{P(A)}$$

- **P(A)** : A가 일어날 확률
- **P(B)** : B가 일어날 확률(사전확률)
- **P(A/B)** : B 뒤에 A가 일어날 확률(조건부 확률. 우도)
- **P(B/A)** : A 뒤에 B가 일어날 확률(조건부 확률. 사후확률)

조금 이해하기 어려우므로 다음의 와인바를 예로 들어 설명하겠다.

한 와인바에 한 달 동안 온 손님은 300명이었다. 화이트 와인을 주문한 사람(A)은 40명, 레드 와인을 주문한 사람(B)은 100명, 화이트 와인을 주문한 후 레드 와인도 주문한 사람은 20명

---

* 역주 : P(A)×P(B/A)=P(B)×P(A/B)
A가 일어날 확률 × A 뒤에 B가 일어날 확률(사후확률) = B가 일어날 확률 × B 뒤에 A가 일어날 확률(우도)에서
$$P(B/A) = \frac{P(A/B) \times P(B)}{P(A)}$$

이었다. 화이트 와인을 주문할 확률 P(A)는 40/300, 레드 와인을 주문할 확률 P(B)는 100/300이다.

레드 와인을 주문한 사람 P(B) 중에서 화이트 와인을 주문할 확률 P(A/B)를 구해보자. 레드 와인을 주문한 사람 중에서 화이트 와인을 주문한 사람은 100명 중 20명이다. 그 결합 확률은 P(B)×P(A/B)=1/15이다.

$$\overset{\text{①}}{\frac{100}{300}} \times \overset{\text{②}}{\frac{20}{100}} = \frac{1}{15}$$

당연히 화이트 와인을 주문한 사람 중에서 레드 와인을 주문한 사람 P(A)×P(B/A)도

$$P(A) \times P(B/A) = \frac{40}{300} \times \frac{20}{40} = \frac{1}{15}$$

이 되므로 A가 일어나고 B가 일어날 확률과 B가 일어나고 A가 일어날 확률은 동일해진다.

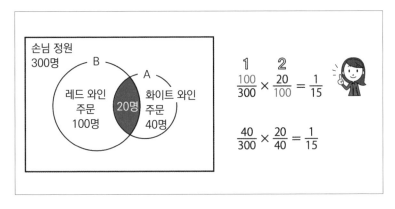

[그림 32] 와인바의 주문 수

레드 와인을 주문하고 화이트 와인을 주문하는 사람(P(A/B))과, 화이트 와인을 주문하고 레드 와인을 주문하는 사람(P(B/A))의 확률은 같다.
즉, P(B/A) × P(A) = P(A/B) × P(B)

$$P(B/A) \times P(A) = P(A/B) \times P(B)$$

의 양변을 P(A)로 나누면 베이즈 정리다.

$$P(B/A) = \frac{P(A/B) \times P(B)}{P(A)}$$

이것을 고쳐 쓰면

$$사후확률 \propto 사전확률 \times 우도$$

가 된다. 확률은 오즈[*]로 변환할 수 있으므로, 이 식은 검사 후 오즈＝검사 전 오즈×우도비로 나타낼 수 있다. 이를 이해하기 쉽게 만들면 [그림 33]처럼 된다. 이어서 실제로 응용한 예를 살펴보자.

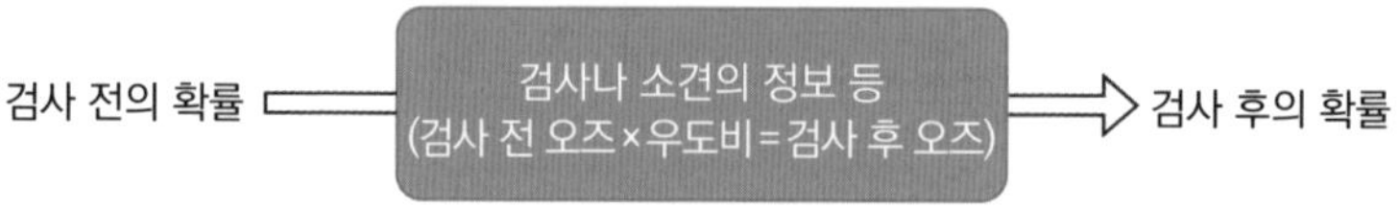

검사 전의 확률 ⟶ 검사나 소견의 정보 등 (검사 전 오즈×우도비=검사 후 오즈) ⟹ 검사 후의 확률

[그림 33] 진단에 응용한 베이즈 정리

---

[*] 일어날 것 같지 않다고 생각되는 확률에 대해 일어날 것 같은 확률의 비=P/1-P, P는 발생할 확률. 진단에 이용하는 경우 어느 질환 D의 사전확률을 P(B)라고 한다. CT에서 소견 S가 보인 경우 (소견 S가 보일 확률을 P(A)라고 한다) 그 환자가 확실히 D일 사전확률 P(B/A)는

$$P(B/A) = \frac{P(A/B) \times P(B)}{P(A)} \quad \cdots\cdots\cdots ①$$

로 구할 수 있지만, P(A)는 소견 S를 나타내는 모든 데이터를 집계해서 그 확률을 계산해야 하기 때문에 값을 구하는 것이 곤란한 경우가 많다. 그래서 오즈를 고려해 이 질환에서는 없는 질환 (B̄) 로 소견 S를 나타낼 확률은

$$P(\bar{B}/A) = \frac{P(A/\bar{B}) \times P(\bar{B})}{P(A)} \quad \cdots\cdots\cdots ②$$

로 나타낸다. ①의 식을 ②의 식으로 나누면

$$\frac{P(B/A)}{P(\bar{B}/A)} = \frac{P(A/B)}{P(A/\bar{B})} \times \frac{P(B)}{P(\bar{B})}$$

사후오즈　　우도비　　사전오즈

즉, 사후오즈=우도비×사전오즈가 된다. 또 우도비는 질환이 있을 확률을 질환이 없는 확률로 나눈 것으로, 유병자가 무병자보다 몇 배나 양성이 되기 쉬운지를 나타낸다.

보통은 1 이상이고, 질환인 사전오즈를 검사에 의해 끌어올릴 수 있는 비율이 된다. 예를 들어 어느 소견이 보일 빈도가 70%라면 우도비는 0.7/1=2.30이고, 그 소견이 있으면 진단이 2.3배 확실해진다.

예제 [그림 34]처럼 초음파에서 간경변증 환자에게 간종양이 보일 때 간암일 확률은 60%(오즈 1.5)라고 하자. AFP가 300ng/ml(우도비가 10)였다 면 간암일 가능성은 얼마일까?

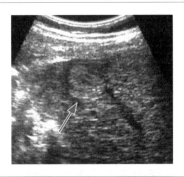

[그림 34] 간경변증 환자의 간 초음파상

간경변증 환자의 초음파로, 가장자리에 가느다란 달무리 현상(저 에코 띠)을 가진 고 에코의 종양이 있다(화살표). AFP 값은 300ng/ml였다.

검사 후 오즈＝검사 전 오즈×우도비이므로 검사 후 오즈는 1.5×10＝15, 즉 확률은 15/(1＋15)＝93.8로 9할 이상의 확률로 간암이라고 할 수 있다.

예제 [그림 35]처럼 두부 CT에서 뇌 안쪽에 부종을 수반하며, 균일하게 증강되고 경계가 명료하며 석회화가 없는 종양이 있을 경우 악성 림프종일 확률은 얼마일까? 덧붙여 지금까지의 여러 가지 보고로부터 아래의 빈도임을 알고 있다.

① 뇌종양 가운데 악성 림프종의 빈도는 약 4%(검사 전 오즈(0.042))

② 림프종으로 부종을 수반하는 빈도는 70%(우도비 2.33)

③ 석회화를 수반하는 빈도는 5%이므로 석회화를 볼 수 없는 빈도는 95%(우도비 19)[※※]

④ 경계 명료한 빈도는 50%(우도비 1)

⑤ 균일하게 증강되는 빈도는 80%(우도비 4)

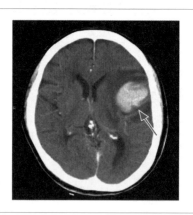

[그림 35] 60대 여성의 두부 CT

두부 CT에서 뇌 안쪽에 부종을 동반하며, 균일하게 증강되고 경계가 명료하며 석회화가 없는 종양(화살표)이 있다.

검사 전 오즈는 0.042다. 검사 후 오즈=검사 전 오즈×우도
비이므로 아래와 같이 계산할 수 있다.

$$0.042 \times 2.33 \times 19 \times 1 \times 4 = 7.43$$

이를 확률로 바꾸면 7.43/(7.43+1)=0.88로 약 88%의 확률
로 악성 림프종으로 진단할 수 있다.

이처럼 각각의 종양은 지금까지 축적된 증례를 바탕으로 어
느 정도의 확률로 석회화나 부종, 조영 패턴 등인지 알 수 있기
때문에 이를 여러 종양 조직에 적용하면 여러 가지 CT 소견을
통해 머신러닝으로써 어떤 종양일 확률이 높은지 진단할 수 있
다. 베이즈 정리 및 베이즈 통계학을 이용해 더욱더 많은 원인과
결과를 연결하고, 유연하게 원인과 결과의 확률 예측을 가능하
게 하는 추론 기법을 '베이지안 네트워크Bayesian Network'라고 한다.

자세한 내용은 생략하지만, 베이지안 네트워크에서는 원인과
결과의 관계를 복수로 조합해 제도화한 모델을 만듦으로써 과

** 역주: $P = \dfrac{P}{1-P} = \dfrac{0.95}{1-0.95} = \dfrac{0.95}{0.05} = 19$

거의 경험과 모호한 관측치를 바탕으로 확률론에 기초한 합리적인 추론이 가능하다. 이 방식은 사람이 다양한 사건이나 타인의 행동을 예측할 때의 방식을 본뜬 것이다. 근래에 IT, 특히 인터넷 사용이 편해진 배경에는 베이지안 네트워크를 활용한 추측 엔진의 활용이 활발해진 데 있다.

참고문헌 —————————————————————————————

佐々木春喜：診断推論と確率：ベッドサイドでのベイズの定理, 日本プライマリー連合学会会誌 36, 191-197, 2013

6

인공 뉴런

POINT

∨ 인공 뉴런은 신경세포를 수학적으로 모델화한 것으로, 기본적으로는 다중 회귀와 같다.

∨ 인공 뉴런은 가중치와 역치(바이어스)로 기능을 조절한다.

∨ 활성화 함수로 출력을 미세하게 조정한다.

∨ 퍼셉트론은 신경세포와 같이 역치를 넘으면 갑자기 발화하는 규칙(계단 함수)을 가진 인공 뉴런이다.

신경세포와
인공 뉴런

최근 딥러닝은 혁신적인 기술로써 산업계뿐만 아니라 의료 분야에서도 세계적으로 주목받고 있다. 2010년 이후 급속히 발전하고 있는데, 그 기초가 되는 인공 뉴런이나 신경회로망은 1950년대부터 연구되었던 분야다.

동물의 신경세포(뉴런)는 수상돌기에서 많은 입력을 받아 하나의 축삭돌기에 출력을 전달하고, 시냅스를 통해 옆의 신경세포에 연결한다. 작은 입력으로는 아무것도 출력되지 않지만, 일정한 값(역치) 이상의 강한 입력이 있으면 축삭돌기를 통해 다른 뉴런에 신호가 전해진다. 인공 뉴런은 이러한 신경세포를 모델화한 것으로 복수의 입력과 하나의 출력으로 구성되어 있다. 모델에서 신경세포의 부분은 '노드Node', 시냅스의 부분은 '엣지Edge'라고 부른다.

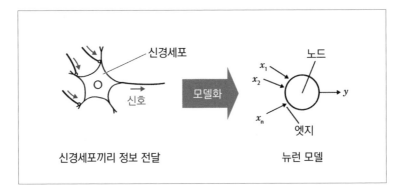

[그림 36] 인공 뉴런

인공 뉴런은 신경세포를 모방하고 있어 일정한 크기(역치) 이상의 입력이 있으면 다른 뉴런에게 신호를 전달한다.

인공 뉴런의
가중치와 역치

신경세포가 옆의 신경세포에 신호를 전달하는 경우 그 연결 방법은 모두 똑같진 않다. 강한 연결의 경우와 약한 연결의 경우가 있다. 인공 뉴런을 모델화할 때 연결의 정도는 가중치로 표현된다. 이 가중치는 매우 중요하다. 신경망이나 딥러닝이 점점 현명해져 간다는 것은 사실 이 가중치가 훈련에 의해 최적화되기 때문이다. 예제를 통해 조금 자세히 설명해보겠다.

당신이 자동차를 살까(출력 1), 사지 말까(출력 0)에 대한 의사결정을
한다고 가정했을 때의 인공 뉴런 모델을 살펴보자. 당신은 스타일이 좋
고 마력은 적당하며, 합리적인 가격의 자동차를 원한다.

당신의 판단에 영향을 미치는 요소는 3가지다. 그리고 각 요
소를 0이나 1로 수치화한다.

[입력] ① 스타일이 좋은가? (좋음=1, 나쁨=0)

② 마력이 센가? (100마력 이상=1, 100마력 미만=0)

③ 가격이 적당한가? (2,000만 원 미만=1, 2,000만 원 이상=0)

[출력] 1=산다, 0=사지 않는다.

이것을 [그림 37]과 같은 모델로 생각해보자.

①~③의 요소에서 무엇을 중시하는지는 사람마다 다르다. 당
신은 스타일을 매우 중시하고, 마력은 다소 약해도 괜찮다고 생
각한다. 한편 돈은 별로 가지고 있지 않기 때문에 비싼 가격의
차는 아무래도 살 수 있을 것 같지 않다. 이를 바탕으로 3개 요
소에 대해 가중치를 부여한다.

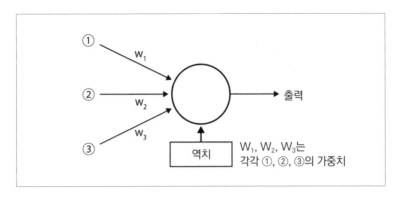

[그림 37] 신차 구입 모델

①의 가중치 : 5, ②의 가중치 : 2, ③의 가중치 : 6

3보다 큰 값이 될 때(역치가 3) 발화(출력)한다고 치면,

① × 5(①의 가중치) + ② × 2(②의 가중치) + ③ × 6(③의 가중치) > 3

이라는 모델이 된다. 한편 한계를 5로 하면 모델은

① × 5 + ② × 2 + ③ × 6 > 5

가 된다. 후자의 모델에서 가격이 싸면 1을 출력하고, 가격이

비싸면 0을 출력한다. 스타일이나 마력에 따라 결론은 달라지지
않는다.

이처럼 인공 뉴런에는 역치(바이어스)가 있어 이 역치를 넘으면
신호가 전해져 발화한다. 가중치와 역치를 변화시키면 여러 가
지의 다른 의사결정 모델을 만들 수 있다. 위의 모델을 일반화
하면, 아래와 같을 때 흥분하는 인공 뉴런이 된다(β가 역치에 해당
한다).

$$a_1x_1 + a_2x_2 + a_3x_3 > \beta$$

그림 [그림 38]의 인공 뉴런에서 [그림 39]의 ●, ○을 식별해
보자.

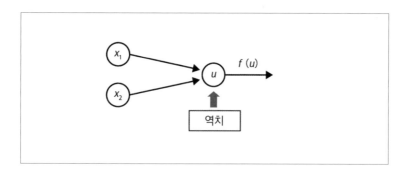

[그림 38] 인공 뉴런 모델

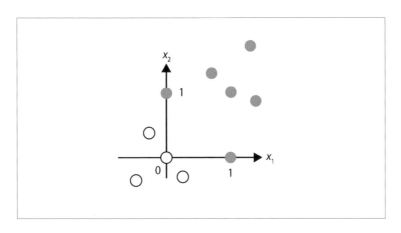

[그림 39] 매개변수 X_1, X_2에 대한 ●와 ○의 분포도

[그림 40]과 같은 모델($y=1\times X_1 + 1\times X_2 - 0.5$), 즉 절편(역치)을 -0.5, $a_1=1$, $a_2=1$로 하면 ●과 ○을 분리할 수 있다.

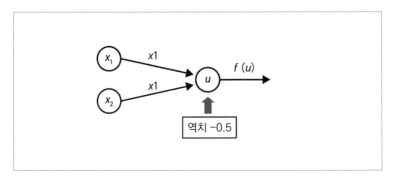

[그림 40] $y=1\times X_1 + 1\times X_2 - 0.5$ 모델

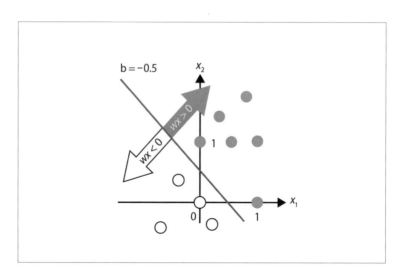

[그림 41] [그림 25]의 ⓑ 모델에 의한 ●과 ○의 분류

절편(역치)이 -0.5, a_1=1, a_2=1(y=1×X_1+1×X_2-0.5)라면 ●과 ○을 분리할 수 있다.

혹시 $a_1x_1+a_2x_2+a_3x_3 > \beta$ 식을 본 기억이 없는가? 맞다. 다중 회귀식이랑 똑같다. 사실 인공 뉴런은 다중 회귀와 같다(p63 PART 4 선형 회귀 참고). 인공 뉴런도 가중치와 절편으로 그 기능을 조정한다. 그렇다면 어떻게 이 가중치의 매개변수를 최적화할까? 바로 학습 데이터의 결괏값과 예측값 사이의 차이를 나타내는 함수(오차함수, 손실함수라고 한다)를 이용한다. 구체적으로는

오차함수 = (학습 데이터의 결괏값 − 예측값)²

으로 나타낸다. 인공 뉴런에서는 오차함수의 합을 최소로 한다. 즉, 오류가 적은 최적의 모델을 만들 수 있도록 가중치와 절편 등의 매개변수를 수정해 나간다(p62 [그림 14] 최소제곱법 참고).

활성화 함수로
출력을 미세하게 조정한다

신경세포나 인공 뉴런에서 입력에 대한 출력이 역치를 넘으면 1, 넘지 않으면 0으로 출력한다. 그림으로 나타내면 [그림 42]의 Ⓐ와 같다. 이처럼 입력에 대한 출력의 패턴을 규정하는 함수를 '활성화 함수Activation Function'라고 하며, 종류는 여러 가지가 있다.

신경세포의 활동 전위처럼 어느 역치에서 갑자기 반응하는 함수([그림 42]의 Ⓐ)를 '계단함수Step Function'라고 부른다. 또 로그적으로 점차 늘어나는 함수([그림 42]의 Ⓑ)는 '로지스틱 시그모이드

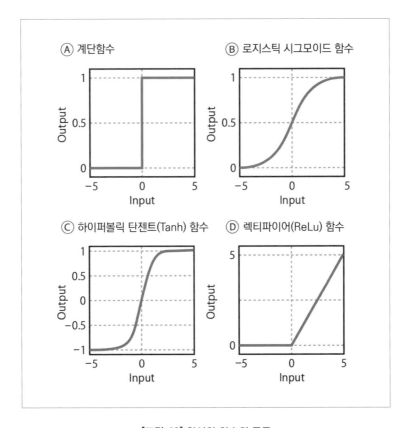

[그림 42] 활성화 함수의 종류

계단함수는 0 미만은 0이지만, 0을 넘으면 갑자기 발화해 1이 된다. 신경세포의 흥분과 비슷하다. 로지스틱 시그모이드 함수는 음값부터 정값까지 S자 모양으로 부드럽게 변화한다. 실제 식은 $f(x) = \dfrac{1}{1 + e^{-ax}}$ 로 주어진다.

하이퍼볼릭 탄젠트(Tanh) 함수는 로지스틱 시그모이드 함수를 2배로 하고 1을 뺀 것으로, 로지스틱 시그모이드 함수와 비슷하지만 약간 경사가 가파르다. 렉티파이어(ReLu) 함수는 0을 넘으면 입력값을 그대로 출력하고 0 이하면 0을 출력하는 것으로, 단순하지만 최근 신경망에서 많이 사용되고 있다.

함수Logistic Sigmoid Function'라고 부른다. 이 함수는 0~1까지의 값을 연속으로 받아들임으로써 로지스틱 해석처럼 그 값에 해당되는 비율이나 확률 등의 의미를 가진다. 또 값이 0~1에 들어가면서 정규화되어 과적합을 낮출 수 있다.

'하이퍼볼릭 탄젠트(Tanh) 함수([그림 42]의 ©)'는 로지스틱 시그모이드 함수를 닮았지만, -1~1까지 변화한다. 로지스틱 시그모이드 함수와 하이퍼볼릭 탄젠트(Tanh) 함수가 비선형적으로 증가하는 것에 반해 역치 이상일 때 직선적으로 증가하는 것은 '렉티파이어(ReLu) 함수([그림 42]의 ⑩)라고 부르며, 가장 많이 사용되고 있다. 로지스틱 시그모이드 함수, 하이퍼볼릭 탄젠트(Tanh) 함수, 렉티파이어(ReLu) 함수는 계단함수에 비해 매끄러운 출력값을 취하기 때문에 특히 신경망 계산에서 사용하기 쉽다고 알려져 있다.

인공 뉴런에서 계단함수 같은 출력을 나타내는 것을 '퍼셉트론Perceptron'이라고 부른다. 미국의 심리학자 프랭크와 로젠블라트가 1958년에 발표한 것으로, 신경회로망의 기초가 된 모델이다.

퍼셉트론을 도식화하면 [그림 43]과 같다. 입력에 가중치를 곱한 수치를 더하고, 그 값이 0 이상일 때는 등급 1, 0 미만일 때는 등급 2로 분류하는 단순한 알고리즘이다.

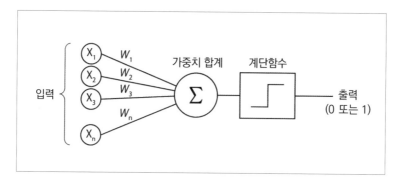

[그림 43] 퍼셉트론

퍼셉트론은 인공 뉴런에서 활성화 함수에 계단함수를 사용한 것으로, 신경세포처럼 역치 이하면 0, 그 이상이면 1을 출력한다.

인공 뉴런의 특징

① 온라인학습으로 학습한다.

② 예측 성능은 별로지만, 학습 속도는 빠르다.

③ 과적합에 빠지기 쉽다.

④ 선형 분리가 가능한 문제만 풀 수 있다.

인공 뉴런의 결정 경계는 다중 회귀 모델과 마찬가지로 [그림 27]의 Ⓐ(p87)처럼 직선이며 비선형 분리는 안 된다. 뒤에 나올 신경망에서는 층이 여러 개로 겹치기 때문에 비선형 데이터도 분리가 가능해진다. 이처럼 인공 뉴런은 다른 종류의 정보를 고려해 가중치와 역치를 기본으로 판단하는 능력을 가지고 있다. 반면 PART 7에서 설명할 인공 뉴런을 복잡하게 조합한 신경망이라면 상당히 미묘한 판단도 할 수 있다. 뇌에 많은 신경세포가 복잡하게 얽혀 있는 것과 똑같다. 그리고 층이 여러 층으로 깊어진(많아진) 것이 PART 8에서 설명할 딥러닝이다.

퍼셉트론과 신경망 NOTE 8

퍼셉트론은 입력과 매개변수가 역치 이하면 0, 역치보다 높으면 1을 출력하는 단순한 모델이다. 퍼셉트론 1개로는 단순한 모델만 표현할 수 있기 때문에 복잡한 모델을 표현하기 위해서는 퍼셉트론을 복수의 층으로 겹칠 필요가 있다. 한편 신경망은 구조 자체는 퍼셉트론과 비슷하지만, 퍼셉트론이 활성화 함수에 계단함수를 이용해 0이나 1을 출력한다면 신경망은 로지스틱 시그모이드 함수나 렉티파이어(ReLu) 함수 등의 함수를 사용함으로써 더욱 고도의 학습을 할 수 있다.

신경망

POINT

∨ 신경망은 인공 뉴런(노드)을 입력층, 은닉층, 출력층으로 나열한 것이다.

∨ 노드와 노드는 가중치를 부여해 연결한다.

∨ 은닉층을 첨가함으로써 복잡한 패턴도 감별할 수 있다.

∨ 동물들이 다양한 경험을 통해 학습하는 것처럼 신경망도 점점 영리해진다.

신경망의 구조

인공 뉴런은 1개의 신경세포를 모방한 수학적 모델이지만, 실제 뇌는 신경세포가 시냅스로 복잡하게 연결되어 있다. 신경망은 뇌와 같은 신경회로망을 수학적 모델로 표현한 것이다. 신경망에는 입력층과 출력층 사이에 직접 눈에 띄지 않는 은닉층이 있다. 그리고 층과 층 사이의 결합 정도는 각각 다르며, 가중치 W로 나타낸다. 한 개 한 개의 노드([그림 44]의 ○)는 각각 신경세포의 한 개에 해당한다.

[그림 44]의 네트워크는 3개의 입력층 노드, 2개의 은닉층 노드, 3개의 출력층 노드로 구성되어 있다. 이때 활성화 함수에는 로지스틱 시그모이드 함수나 렉티파이어(ReLu) 함수를 이용한다.

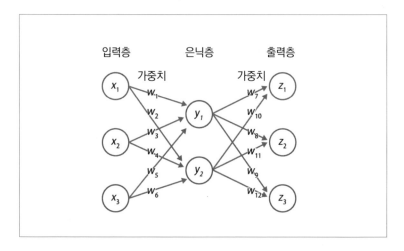

[그림 44] 신경회로망 구조

신경망에는 입력층과 출력층 사이에 은닉층이 있다. 각 노드는 신경세포를 본뜬 것으로, 노드와 노드 사이는 결합되어 있으며 그 결합의 정도를 가중치(W)로 나타낸다.

은닉층의 도입

신경망에는 왜 은닉층이 필요할까? PART 6의 [그림 41](p114)과 같은 분포를 보일 경우 선형 모델, 즉 단순한 인공 뉴런에서는 ●와 ○를 제대로 분류할 수 있다. 그렇다면 [그림 45]와 같은 경우는 어떨까?

이러한 분포를 나타내는 것은 단순한 인공 뉴런으로는 분류할 수 없다. 다시 말해 단순한 인공 뉴런은 선형의 다중 회귀 모델과 마찬가지로 비선형의 분포를 나타내는 경우는 분류할 수

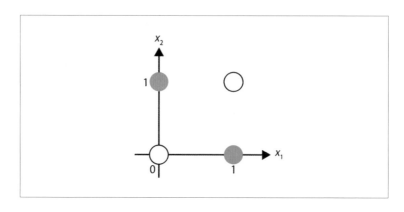

[그림 45] 인공 뉴런은 비선형의 분포를 나타내는 것은 분류가 잘 안 된다
교차된 분포를 나타내는 것은 단순한 인공 뉴런으로는 분리가 되지 않는다.

없다. 이를 해결하기 위해 고안된 아이디어가 은닉층이다.

[그림 46]과 같이 A와 C에 강하게 반응하는 유닛과 B와 D에
강하게 반응하는 유닛, 즉 은닉층을 만든다. 강하게 반응한다는
것은 그 경로에 큰 가중치를 부여한다는 뜻이다. 이처럼 은닉층
을 만들어 넣음으로써 복잡한 분포를 나타내는 데이터도 처리
할 수 있다.

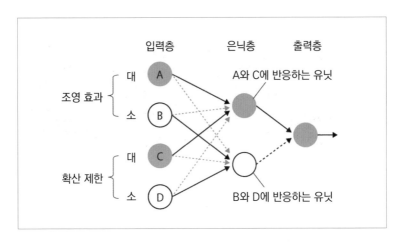

[그림 46] 은닉층을 만들면 비선형의 분포를 나타내는 것도 처리가 가능하다

A, B, C, D의 4개 영역을 분류하기 위해 신경망의 은닉층에 A와 C에 반응하는 유닛(가중치로 A와 C에 강하게 반응)과 B와 D에 반응하는 유닛을 만드는 것으로 복잡한 분포를 나타내는 것도 처리할 수 있게 된다.

조금 더 구체적인 예시로 생각해보자. 아래는 전립선암 MRI의 신경망 진단이다.

예제
전립선암의 MRI에서 T2 강화영상으로는 암이 확실히 나타나지 않는 것도 많아 확산 강화영상과 다이내믹 MRI를 사용한다([그림 47]). 전형적인 암은 확산 제한이 있고(확산 강화영상에서 높은 신호), 다이내믹 MRI에서 강하게 나타난다. 그런데 이들 소견이 둘 다 맞지 않는 경우도 곳곳에서 발견된다. 그래서 신경망으로 암인지 감별하는 모델을 생각해본다.

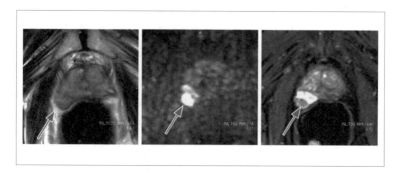

[그림 47] 전립선암의 MRI

T2 강화영상으로 오른쪽 외측 전립선의 뒤쪽에 돌출이 보인다(화살표). 확산 강화영상의 높은 신호(확산 제한이 커서)와 다이내믹 MRI의 강한 증강 효과를 이용하면 전립선암의 진단이 가능하다.

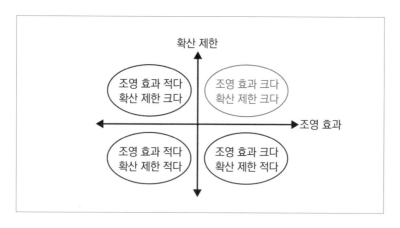

[그림 48] 전립선암 MRI 소견의 패턴

전립선암의 MRI 진단은 주로 조영 효과와 확산 제한으로 평가한다. 조영 효과와 확산 제한이 둘 다 클 경우 암일 가능성이 높다. 그 이외의 경우는 양성이 많다.

확산 제한과 조영 효과의 조합의 패턴은 [그림 48]처럼 4가지로 나누어진다. [그림 49]를 보면 실제 분포가 많은 암은 확산 제한이 커서 조영 효과도 큰 것을 알 수 있다.

확산 제한의 정도와 조영 효과를 바탕으로 [그림 50]과 같은 모델을 생각할 수 있다. 굵은 선에는 연결이 강한 즉 큰 가중치를 부여하고, 가는 선에는 작은 가중치를 부여한다. 이 모델에서는

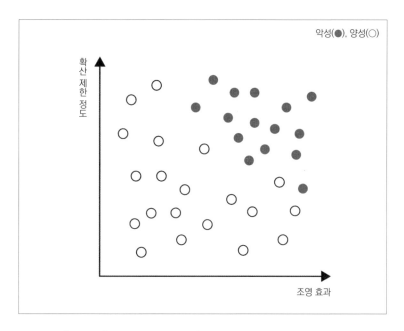

[그림 49] 전립선암 MRI 소견(확산 강화영상)의 양성·악성 분포
악성은 확산 제한이 강하고, 조영 효과가 큰 영역에 집중되어 있다.

확산 제한이 크고 조영 효과가 큰 것은 [그림 51]의 ●에서 은닉층이 강하게 반응하므로 악성일 가능성이 높다고 진단된다.

이처럼 은닉층을 만들면 비선형뿐 아니라 임의의 함수를 근사할 수 있어 복잡한 패턴의 감별도 가능해진다. 특히 은닉층의 노드 수를 늘리면 더욱 양호한 근사를 얻을 수 있다. 실제 신경망에서는 은닉층의 요소를 알고리즘이 스스로 발견하기 때문에 우리가 찾을 필요가 없다.

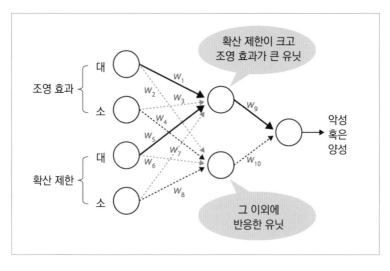

[그림 50] 전립선암 MRI 소견(확산 강화영상)의 양성·악성을 진단하는 신경망 모델

입력층에 확산 제한의 대소, 조영 효과의 대소로 4개의 노드를 만든다. 그다음 은닉층에서 조영 효과와 확산 제한이 둘 다 큰 노드에서 반응하는 유닛과 그 이외의 유닛을 만든다. 입력층에서는 확산 제한이 큰지 작은지, 조영 효과가 큰지 작은지를 선택한다.

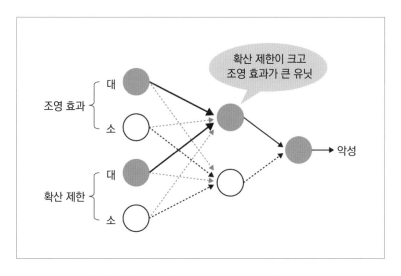

[그림 51] [그림 50]의 모델에서 악성에 반응한 패턴
[그림 50]의 모델에서 확산 제한이 크고, 조영 효과가 큰 것을 악성으로 판단한다.

여기서 문제가 되는 것은 '[그림 50]에 나타낸 W1~W10의 가중치를 어떻게 정할 것인가?'이다. 신경망에서는 바로 뒤에서 설명할 오차역전파법을 사용함으로써 스스로 가중치를 조정하고, 알고리즘은 점점 현명해진다.

신경망은
점점 현명해진다

처음 신경망을 설계할 땐 가중치의 크기가 어느 정도가 적당한지 모른다. 따라서 처음에는 적당히 임의의 가중치를 부여한다. 그런 다음 지도영상을 활용한 트레이닝 단계에서 신경망이 내놓은 답과 미리 알고 있는 정답을 비교하면서 점점 학습을 최적화해간다. 당연히 오차가 생기지만, 그 오차를 각층으로 거꾸로 전달하면서 가중치를 조정해 오차를 점점 작게 만든다. 이때 수정량이 규정치 이하거나 정해진 루프 횟수를 반복한 곳

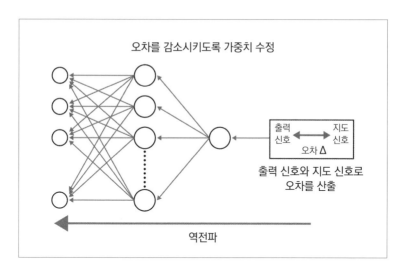

오차를 감소시키도록 가중치 수정

출력
신호
↔
지도
신호
오차 Δ

출력 신호와 지도 신호로
오차를 산출

역전파

[그림 52] 오차역전파법

① 신경망 출력과 그 샘플의 올바른 답을 비교해 오차를 구한다. ② 결과를 바탕으로 각
노드 간 링크의 가중치를 갱신하고, 순차적으로 앞 층의 노드에 대해서도 계산해 나간
다. 이 과정을 반복함으로써 가중치를 최적화한다.

에서 학습을 중단한다. 이 기법을 '오차역전파법Backpropagation'이라
고 부른다.

인간도 계산이 틀리면 어디서 틀렸는지, 해답부터 계산식을
거슬러 올라가면서 계산 오류를 찾는다. 계산 오류 부분을 발견
하면 그곳을 수정해서 다시 해답을 구하는 것과 비슷하다. 오차
역전파법에서는 어떤 한 개의 가중치를 크게 하면 오차가 줄어
들지, 작게 해야 오차가 줄어들지를 일일이 계산하면서 오차가

작아지도록 각각의 가중치를 미세하게 조정한다. 이렇게 신경망은 지도영상을 많이 학습하면서 점점 영리해진다. 그러나 오차역전파법에선 단순히 은닉층을 늘려나가면 얕은 층에는 오차 정보가 전달되지 않는다. 따라서 PART 8의 딥러닝은 깊은 네트워크(신경망)에서도 학습할 수 있도록 고안되어 있다.

신경망은 비선형적인 데이터를 분리할 수 있지만, 다음과 같은 결점이 있다.

① 학습하는 데 시간이 오래 걸린다.
② 매개변수의 수가 많으므로 과적합에 빠지기 쉽다.

신경망은 은닉층이 많아지면 계산하는 데 시간이 오래 걸리지만, 최근에는 GPU*의 발달로 고속화가 가능해졌다. 단, 신경망은 매개변수의 수가 많아 과적합에 빠지기 쉬우므로 학습 데이터의 양이 다른 머신러닝보다 많이 필요하다.

---

* GPU(Graphics Processing Unit). 컴퓨터 프로세서로 영상 처리에 특화해 계산 처리 성능을 최대로 높였다. CPU(Central Processing Unit)가 기껏해야 6코어인 것에 반해 수천에 달하는 코어를 갖고 단순한 계산(신경망이나 딥러닝은 주로 덧셈과 뺄셈)을 초고속으로 실시한다. 영상 처리 계산에 한해서는 CPU의 몇 배에서 수백 배의 계산 처리 성능을 발휘한다. 특히 3차원의 CG 처리에 사용된다. 계산이 방대한 딥러닝에 필수 불가결한 유닛이다.

신경망에 의한 영상 인식

신경망으로 영상을 인식하는 경우 먼저 영상 데이터를 읽어 수치 데이터로 변환해야 한다. 예를 들면 [그림 53]처럼 O와 X의 선 부분은 1이고, 그 이외는 0으로 적용할 수 있다.

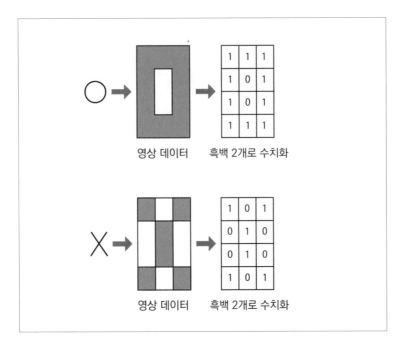

[그림 53] O, X의 디지털화

그림의 검은 부분은 1, 흰 부분은 0을 주고 영상을 두 값으로 디지털화한다. O는 위의 그림과 같이, X는 아래 그림과 같이 디지털 신호로 변환된다.

이 값을 신경망에 입력하면 알고리즘은 O와 X 각각의 확률을 계산한 뒤 O와 X 중 어느 쪽의 확률이 큰지 판정한다.

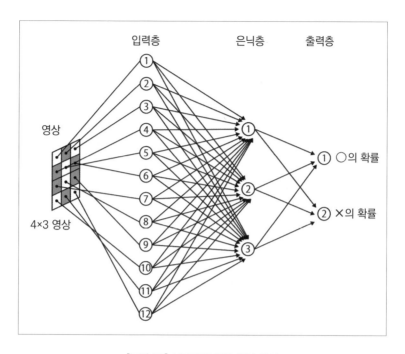

입력층   은닉층   출력층

영상

4×3 영상

① ○의 확률

② ×의 확률

[그림 54] 신경망에 의한 영상 인식

[그림 53]의 1과 0으로 수치화된 영상의 각 행렬값은 입력층에 입력된 후 은닉층을 통해 출력층에 1(O 판정)이나 2(X 판정)로 출력된다.

이 상황은 [그림 55]처럼 망막에 비친 정보를 뇌에서 처리하는 과정과 비슷하다. 실제로는 더 복잡한 영상을 다루는 일이 많기 때문에 뒤에서 설명할 딥러닝, 특히 합성곱 신경망이 자주 사용된다.

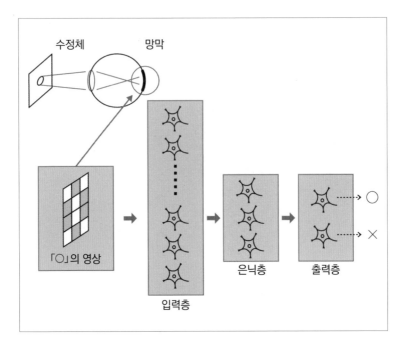

[그림 55] 망막에 의한 영상 인식

[그림 54]와 같은 신경망에 의한 영상 인식은 망막에서 물체를 인식해서 뇌로 인식하는
과정과 유사하다.

딥러닝

POINT

∨ 딥러닝은 대뇌피질처럼 계층을 깊게 한 신경망이다.

∨ 딥러닝의 프로세스는 블랙박스화되어 있어 인간이 이해하기 어렵다.

∨ 딥러닝은 과적합에 빠지기 쉽다.

∨ 순환 신경망은 시계열 데이터를 얻고, 생성적 대립 신경망은 경쟁하며
　수준을 높인다.

딥러닝의 구조

앞에서 설명한 신경망은 은닉층이 1개지만, 최근 이 은닉층을 여러 개 만들면서 신경망의 성능이 현격히 향상됐다. 이처럼 은닉층을 여러 개 만든 신경망을 '딥러닝'이라고 부른다. 그 구조는 대뇌피질을 본떠 만들었다. 대뇌피질의 뉴런은 시냅스를 통해 다른 뉴런으로부터 입력을 받은 뒤 다른 몇몇 뉴런으로 신호를 보낸다. 뉴런끼리 복잡한 회로를 만들면서 다수의 층 구조를 만든다. 딥러닝 프로그램에서도 대뇌피질의 뉴런과 똑같이 복잡하게 접속하

면서 여러 층이 만들어진다.

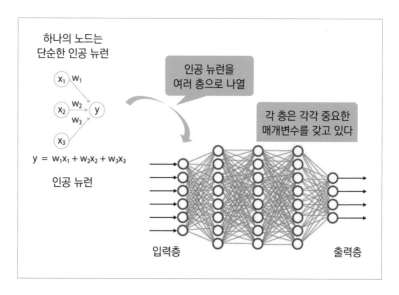

[그림 56] 딥러닝은 복수의 은닉층을 가진다

딥러닝은 신경망의 은닉층을 여러 개 만든 것으로, 한 개 한 개의 노드는 단순한 인공 뉴런이다. 딥러닝의 각 층에는 각각의 가중치를 부여하는 매개변수가 있다.

다른 머신러닝과의
차이점

딥러닝도 머신러닝 중 하나지만, 기존의 머신러닝과는 큰 차이가 있다. 종래의 머신러닝에서는 무엇에 주목하면 좋을지(특징량)를 미리 인간이 컴퓨터에 지시해야 했다. 하지만 딥러닝은 학습을 반복하는 가운데 프로그램이 스스로 특징량을 추출한다. 구체적으로 설명하면, 기존의 머신러닝으로 사람의 얼굴을 인식하려면 눈, 귀 등 특징을 인간이 입력해야 했다. 반면 딥러닝은 눈, 귀, 코 등의 중요한 특징을 자동으로 추출한다. 즉, 딥러

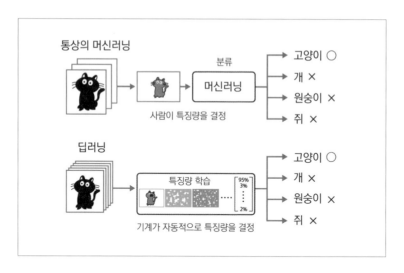

[그림 57] 통상적인 머신러닝과 딥러닝의 차이

통상적인 머신러닝에서는 사람이 특징량을 미리 프로그래밍할 필요가 있어 도중의 과정을 이해할 수 있지만, 딥러닝은 스스로 특징량을 찾아낸다. 그렇기 때문에 딥러닝에서의 학습 결과는 사람이 직감적으로 이해하기 어려운 이른바 블랙박스화되어 있다.

닝은 무엇에 주목해야 하는지 인간이 미리 컴퓨터에 알려줄 필요가 없으며, 어떤 특징을 이용하면 능숙하게 식별할 수 있는지 자동으로 배운다.

　딥러닝의 대단한 점은 인간이 가르쳐주지 않아도 과제를 풀어내는 높은 수준이다. 학습을 계속함으로써 점점 똑똑해지고, 비선형의 분포를 나타내는 데이터에도 유연하게 대응할 수 있다. 그러나 일반적으로 딥러닝에 사용되는 프로그램은 은닉층이 매우 깊고 컴퓨터가 어떻게 최적화되고 있는지 사람들이 잘 알지 못한다. 내부 구조가 블랙박스화되어 있기 때문이다.

딥러닝의 판단 이유를 알자 NOTE 9

딥러닝은 특징을 자동으로 추출해 학습하는 것이 가능하다. 하지만 어떻게 특징이 추출되고 있는지는 기본적으로 블랙박스이며, 왜 그러한 판단을 했는지도 설명이 어렵다. 그래서 알고리즘이 어느 부분에 주목했는지 특징지도Saliency Map로 나타내는 방법이 이용된다. 이 특징지도를 통해 딥러닝이 영상의 어느 부분에 주목해서 판단했는지 시각적으로 부각시킬 수 있으며, 딥러닝의 판단 근거를 어느 정도 알 수 있다.

딥러닝에서의
과적합

다른 머신러닝과 마찬가지로 신경망이나 딥러닝에서도 과적합이 일어날 수 있다. 특히 복잡한 모델인 딥러닝은 과적합에 빠지기 쉬우며, 내버려 두면 암기로 해결하려고 한다. 5만 개의 영상 데이터가 있다면 그 5만 개의 모양을 그대로 전부 암기하고 절대 틀리지 않도록 노력한다. 이러한 모델은 학습한 영상은 잘 인식할 수 있지만, 미지의 영상에는 대응할 수 없다.

과적합은 학습 데이터가 부족하거나 혹은 수가 너무 많거나 치우침이 있는 경우 등이 원인이다. 딥러닝에서는 이러한 과적합을 막기 위한 대책으로 탈락이라는 방법을 자주 이용한다.

탈락은 인공 뉴런의 노드를 무작위로 비활성화시켜 과적합을 막는 방법이다. 학습 중에 인공 뉴런을 무작위로 비활성화시키키면 암기를 할 수 없다. 이럴 때 딥러닝은 필사적으로 입력의 특징을 잡아내려고 한다.

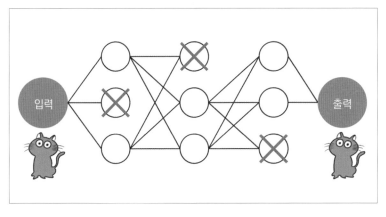

[그림 58] 탈락으로 과적합을 막는다

무작위로 노드를 비활성화함으로써 범용성이 높아지고 과적합을 막을 수 있다.

딥러닝의
학습과 처리

딥러닝이 영상을 학습하려면 매우 많은 학습 데이터가 필요하다. CT 영상 등을 학습시키려면 수만 개의 사례가 필요한데, 그 학습 데이터를 모으기 위해서는 많은 시간과 노력이 든다. 그래서 학습이 끝난 모델을 이용해 필요한 데이터 수를 줄이는 '전이학습Transfer Learning' 방법을 자주 이용한다. 전이학습은 '알렉스넷'이나 '구글넷'이라고 하는 기존의 학습이 끝난 모델에 사전에 학습되지 않았던 타입의 영상을 포함한 데이터를 제공해 학습시키는 방법이다. 그러면 데이터가 아무것도 없는 모델을 학습시키는 경우와 비교했을 때 필요한 데이터 수가 훨씬 적다는 이점이 있고(몇만이 아닌 수천 개의 영상으로 학습이 가능), 계산도 수분에서 수 시간 정도 빨리 끝낼 수 있다. 또 딥러닝이 학습하려면 수일에서 수 주일이라고 하는 긴 시간이 필요하지만, GPU를 사용하면 한층 더 빨리 처리할 수 있다. 최근 딥러닝 프로그램은 네트워크상에 많은 소재가 있어 처음 접하는 사람이라도 조금만 공부하면 쉽게 시도할 수 있다.

딥러닝의 종류

딥러닝은 영상 인식, 음성 인식, 자연어 처리, 이상 감지 등 고도의 정보 처리가 가능하다. 그중 의학 영역, 특히 영상 진단 등에서 자주 사용하는 것이 '합성곱 신경망Convolutional Neural Network, CNN'이라고 불리는 신경망이다. 또 '순환 신경망Recurrent Neural Network, RNN'이라고 불리는 신경망은 음성 입력을 잘하는 신경망이다. 최근 주목받고 있는 기술은 '생성적 대립 신경망Generative Adversarial Network, GAN'으로, 학습에 필요한 데이터의 양을 대폭 줄여준다.

순환 신경망(RNN)

순환형이라는 이름이 나타내는 대로 어느 시점의 은닉층의 특징량을 다음 시점의 입력으로 재이용한다. 그래서 입력 데이터에 방향성이 있는 경우(예를 들어 시계열 데이터 등) 적합한 모델이다. 동영상이나 음성 등도 시계열 데이터이기 때문에 이러한 인식에 높은 성능을 발휘한다.

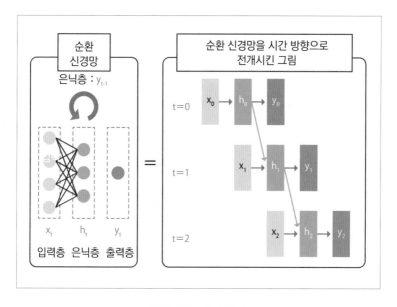

[그림 59] 순환 신경망
RNN은 순환 구조를 가지며, 출력을 다음의 입력에 사용하는 것이 특징이다.

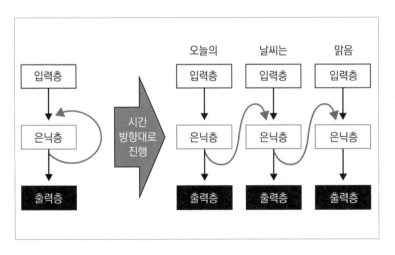

[그림 60] 순환 신경망에 의한 음성 데이터 처리

음성 데이터는 가변 길이의 시계열 데이터다. 순환 신경망에서는 이 가변 길이의 데이터를 신경망으로 취급하기 위해 이전의 값을 다시 은닉층에 입력한다. 예를 들어 '오늘의 날씨는 맑음'이라는 글에서 '오늘→의', '날씨→는' 등은 각각 강한 상관관계가 있어 우리는 모르지만 스스로 그 연결을 인식한다. 이러한 연결을 기계에 기억시켜 은닉층으로 돌려보내(재이용해서) 시계열의 다음 데이터를 판단한다.

생성적 대립 신경망(GAN)

학습 데이터를 바탕으로 그와 비슷한 새로운 데이터를 만드는 모델을 '생성 모델'이라고 부른다. 생성적 대립 신경망은 현재 매우 주목받고 있는 생성 모델이다.

　생성적 대립 신경망의 기본적인 사고방식은 단순하다. 예를 들어 설명하면, [그림 61]처럼 가짜 돈을 만드는 위조자Generator와 감별자Discriminator 2명의 등장인물이 있다고 가정해보자. 위조자는 진짜 지폐와 비슷한 위조지폐를 만든다. 감별자는 위조지폐를 간파하려고 한다. 어설픈 위조지폐는 쉽게 감별자에게 간파당하지만, 위조자의 실력이 향상되어 정교한 위조지폐가 만들어지자 감별자도 어떻게든 위조지폐를 간파하려고 애쓴다. 서로 절차탁마해가면서 최종적으로는 위조지폐가 진짜 지폐와 구별이 안 될 정도로 레벨이 올라간다.

위조자　　　　　　　　　　감별자

[그림 61] 생성적 대립 신경망(GAN)

생성적 대립 신경망에는 생성(Generator)과 감별(Discriminator)이라는 두 개의 네트워크가 있다. 생성은 학습 데이터와 같은 데이터를 필사적으로 만든다. 감별은 데이터가 학습 데이터로부터 온 진짜인지, 생성 데이터로부터 온 가짜인지 필사적으로 감별하려고 서로 경쟁한다.

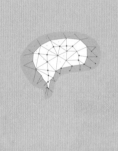

합성곱 신경망

POINT

∨ 합성곱 신경망은 영상 인식에 사용되는 딥러닝이다.

∨ ① 입력층 ② 합성곱층 ③ 풀링층 ④ 전결합층 ⑤ 출력층으로 이루어진다.

∨ 합성곱 처리, 풀링 처리에 의해 영상의 특징을 추출·압축한다.

∨ 합성곱 신경망에서 얕은 층의 노드는 단순한 형태를, 심층의 노드는 복잡
한 형태를 인식한다.

합성곱 신경망(CNN)의 구조

합성곱 신경망은 영상 인식에 가장 많이 사용되는 딥러닝 모델이다. 2012년에 알렉스 크리제브스키Alex Krizhevsky 팀이 구현한 합성곱 신경망 모델(알렉스넷AlexNet)이 국제영상인식대회(ILSVRC)에서 압도적인 성적으로 우승하면서 딥러닝이 크게 주목받았다. 그 후 여러 모델이 개발되어 2015년에는 ILSVRC 2012에서 마이크로소프트의 카이밍 허 팀이 고안한 합성곱 신경망 모델이 인간의 영상 인식 능력을 넘어섰다.

2017년부터는 딥러닝을 사용한 영상 진단에 대한 임상보고도 볼 수 있으며, 2019년부터 시판 소프트웨어의 준비도 진행되고 있다.

합성곱 신경망은 영상의 특징을 추출해 분류하는 것이 특기인 신경망으로, 사람 뇌의 시각피질Visual Cortex을 모델로 삼고 있다. 예를 들면 [그림 62]처럼 영상 진단에 합성곱 신경망을 이용함으로써 고양이의 특징을 추출하고, 이 영상이 어느 정도의 확률로 고양이인지를 판단한다.

일반적인 신경망에서는 입력 영상의 행렬을 하나하나 계산하기 때문에(256×256의 행렬이라면 입력층의 노드는 65,536개나 된다) 영

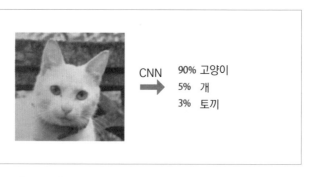

[그림 62] 합성곱 신경망의 특기는 영상 분류

합성곱 신경망은 고양이의 특징을 추출하고 영상이 어느 정도의 확률로 고양이인지를 판단한다.

상 데이터를 해석하려면 막대한 시간이 든다. 그러나 합성곱 신경망은 은닉층에서 합성곱 처리와 풀링 처리를 실시해 특징을 추출·압축해서 대응한다. [그림 62]의 영상에 대해서도 추출·압축의 과정을 거친 뒤 어떤 동물의 가능성이 큰지를 판정한다.

① **입력층**(Input Layer)

   영상 신호를 디지털화한다.

② **합성곱층**(Convolutional Layer)

   필터 처리(합성곱)를 하고 특징을 잡는다.

③ **풀링층**(Pooling Layer)

   특징을 유지하면서 데이터를 압축해 다루기 쉽게 만든다.

④ **전결합층**(Fully Connected Layer)

   모든 풀링층에서 얻은 데이터와 결합되어 있으며, 특징적인 소견을 추출한 뒤 판정한다.

⑤ **출력층**(Output Layer)

   답을 출력한다.

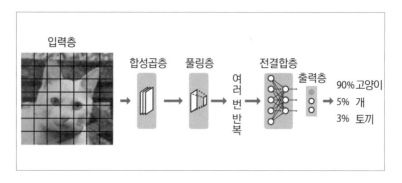

[그림 63] 합성곱 신경망의 과정

합성곱 신경망은 입력층, 합성곱층, 풀링층, 전결합층, 출력층으로 교정된다. 합성곱층
과 풀링층은 여러 번 반복된다.

합성곱층은 영상의 국소적인 특징을 추출하고, 풀링층은 국
소적인 특징을 정리하는 처리를 한다. 일반적으로 합성곱층과
풀링층을 여러 번 반복해 국소적인 특징에서 전체적인 특징을
추출한다. 합성곱 신경망 처리의 강점은 입력 영상의 특징을 유
지하면서 영상을 압축하는 것이다.

영상 입력

합성곱 신경망의 영상 입력을 [그림 64]처럼 손글씨의 0을 인식하는 모델로 생각해보자. 한 개 한 개의 작은 네모를 '픽셀Pixel'이라고 부른다. 각 픽셀에는 각각의 신호에 응한 값이 들어 있다 (흑백이라면 1개, 컬러라면 RGB의 3개).

이 행렬의 숫자를 살펴보면, 그 숫자는 각 근방의 픽셀과 강한 연관성이 있다는 것을 알 수 있다. 1의 값은 곁에 1의 값이 있다. 0의 값 옆에는 0이 존재하는 경우가 많다. 이처럼 대부분

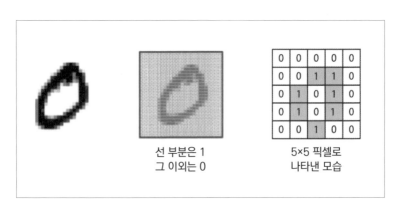

선 부분은 1
그 이외는 0

5×5 픽셀로
나타낸 모습

[그림 64] 손글씨의 0을 인식한다

자필 글씨를 5×5 행렬로 디지털화하면 CNN에 의해 이 행렬을 0으로 판단한다.

의 경우 신호가 강한 픽셀 옆에는 비슷한 크기의 숫자가 나열
된다. 이는 영상을 아주 세세하게 분해하지 않고 대충 진단해도
영상의 형태는 대략 인식이 가능함을 의미한다.

합성곱
(필터 처리)

필터 처리란, 영상에 특정 연산을 더함으로써 영상을 가공하는 공정이다. 이미지 편집 소프트웨어나 최근 디지털카메라에 내장되어 있는 그러데이션, 선명화, 경계 추출 등도 이 필터 처리의 하나다. 합성곱은 영상에 순서대로 이러한 필터를 조금씩 입혀 특징을 추출하는 공정이다. 필터에는 여러 가지가 있지만, 간단하게 [그림 65]의 3×3 행렬 필터를 예로 들어 설명해보겠다. 이 필터를 입력함으로써 얻은 행렬에 대응시켜 출력 영상에 결

0.2	0	0.4
0.1	0.3	0.2
0	0.1	0.1

[그림 65] 3×3 행렬 필터

3×3 행렬 필터를 준비한 뒤 영상의 가장 왼쪽 위부터 다음의 연산을 하면 0×0.2+2×0+2×0.4+1×0.1+8×0.3+…+9×0.1=6.2이다. 이 값에 활성화 함수를 통해(정답이라면 그대로, 0 이하면 0) 최종값 6.2를 왼쪽 위에 기입한다. 그다음 한 픽셀을 비켜놓고 같은 처리를 한 뒤 그 결과를 옆에 기입한다. 이처럼 새롭게 출력을 내는 행렬을 특징지도라고 부른다. 특징지도는 원래의 입력 화면이 10×10이라면 8×8이 된다.

과를 넣는다. 그 후 렉티파이어(ReLu) 함수 등의 활성화 함수로 처리하고 출력한다. 이처럼 새롭게 출력되는 행렬을 '특징지도'라고 부른다.

이러한 계산을 영상 구석구석까지 실시한다. 10×10 행렬이면, 입력 영상에서 한 픽셀씩 비껴가며 데이터를 취하기 때문에 8×8 행렬의 특징지도를 얻을 수 있다.*

필터는 목적에 따라 다양한 것을 사용한다. 예를 들어 세로 방향을 추출하고 싶다면 [그림 67]과 같은 필터를 사용한다. 한

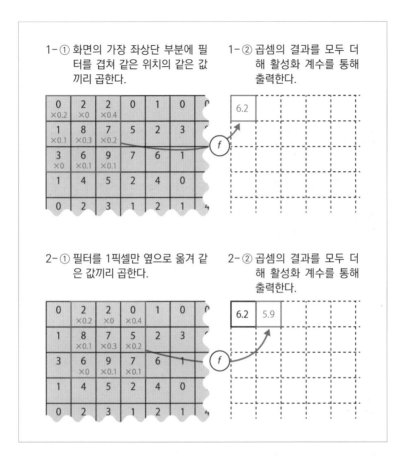

[그림 66] 특징지도 작성

0×0.2+2×0+2×0.4+…+9×0.1=6.2로 여기에 활성화 함수(렉티파이어(ReLu) 함수)를 거치면 6.2이므로 이 값을 우측 상단 구석에 출력한다. 이 작업을 반복한다.

편 가로 방향의 엣지를 검출하고 싶은 경우는 [그림 68]과 같은
필터를 사용한다.

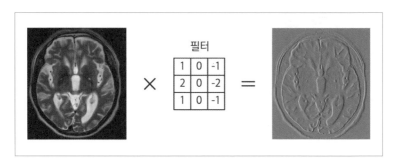

[그림 67] 세로 방향을 추출하는 필터

MRI의 T2 강화영상에 세로 방향의 엣지를 검출하는 필터를 설치함으로써 영상의 세로
성분만 추출된다.

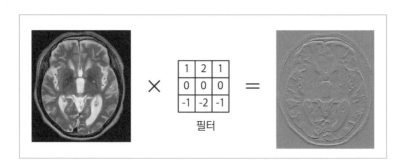

[그림 68] 가로 방향을 추출하는 필터

MRI의 T2 강화영상에 가로 방향의 엣지를 검출하는 필터를 설치함으로써 영상의 가로
성분만 추출된다.

필터에는 여러 가지가 있지만, 뇌의 시각피질에도 필터와 같은 기능이 있다. 고양이의 시각피질에 있는 단순형 세포의 활동은 특정 방향의 자극이 입력되면 반응하는 Gabor 필터[*]와 비슷한 것으로·밝혀졌다.

학습이 끝난 합성곱 신경망의 입력층과 가까운 합성곱층에서도 Gabor 필터와 같은 특징을 파악할 수 있다.

한편 복잡형 세포는 대상물의 위치가 다소 변해도 같은 반응을 보인다. 합성곱 신경망 역시 뒤에서 설명할 풀링층에 의한

---

[*] 5×5 행렬에 대해 [그림 69]처럼 3×3 행렬 필터를 사용하면 끝의 값이 이용되지 않는다. 그래서 영상의 주변에 테두리를 확장해(대부분은 0을 넣는다) 입력한 영상 데이터와 출력되는 영상 데이터를 같게 한다. 이것을 '패딩(Padding)'이라고 부른다.

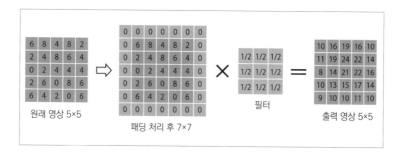

[그림 69] 패딩

합성곱층에서는 원래 영상(5×5)에 필터를 이용해 합성곱 처리를 하지만, 그대로 실시하면 원래 영상보다 작은 3×3 행렬이 된다. 이를 막기 위해 주위에 1픽셀분의 더미의 값을 넣음으로써 출력 영상도 5×5 행렬이 되고 끝의 값도 이용할 수 있다.

처리를 개재시킴으로써 같은 효과를 얻을 수 있다. 색깔의 경우 RGB(빨강, 초록, 파랑) 3종류의 영상에 대해 처리한다. 이처럼 입력 영상에 여러 가지 필터를 실시해 복수의 특징지도를 얻는다.

합성곱 신경망의 핵심은 필터를 여러 개 준비해둔 다음 그것을 고정하지 않고 학습에 의해 결정한다는 점이다. 합성곱 신경망에서는 가중치 대신 필터의 각 값을 무작위로 초기화한 뒤 학습으로 갱신하므로 더욱 유용한 특징을 파악할 수 있다. 즉, 최종적으로 어떤 필터가 가장 좋은 성능을 낼지 사람의 손이 아닌 데이터나 프로그램에 맡기는 것이다.

***

** 영상 중에 어느 방향의 선이 포함되어 있는지 추출할 수 있는 필터. [그림 70]처럼 도형에 필터를 사용하면 우측 경사의 성분을 추출할 수 있다. 뇌의 시각피질과 유사한 기능으로 알려져 있다.

[그림 70] Gabor 필터에 의한 특정한 선 검출

Gabor 필터는 특정 각도의 선을 추출하는 필터로, 오른쪽 그림의 도형에서 우측 경사 선의 성분을 추출할 수 있다.

딥러닝은 AI에 시각을 부여했다   NOTE 10 ☑

영상 인식은 이미지나 영상에서 특징을 잡아 대상을 식별하는 기술이다. 2012년, 국제영상인식대회에서 토론토 대학팀이 그동안의 방법으로 오류율 26%였던 것을 딥러닝을 이용해 17%까지 내려 한꺼번에 정밀도를 높여 큰 주목을 받았다. 같은 2012년에 구글이 유튜브에서 모은 1,000만 장의 고양이 정지 영상을 10억 개의 접속으로 이뤄진 거대한 신경망에 보인 결과 '컴퓨터는 인간과 똑같이 고양이라는 개념을 자력으로 만들어냈다'라고 발표하면서 세계적인 컴퓨터 연구자들을 놀라게 했다. 그 후 딥러닝은 여러 영역에서 사용되고 있다. 이 기술에 의해 AI는 시각을 가진 것으로 여겨져 지금까지 기계로는 어려웠던 영상의 판별이 이루어지게 되었고 영상 진단도 혜택을 받고 있다.

풀링
(Pooling)

풀링은 합성곱층에서 출력된 특징지도에 중요한 정보를 남기면서 데이터를 압축해 새로운 특징지도를 만드는 공정이다. 압축을 하는 수단으로 '최대 풀링Max Pooling'이 자주 사용된다. 최대 풀링은 각 영역의 최대치를 대표로 뽑아서 압축하는 방법이다. 데이터는 상당히 조잡해지지만, 반대로 영상에서 다소 어긋남이 생겨도 별문제가 되지 않아 손글씨 인식 등에 유용하다.

 풀링 처리를 하는 이유로 [그림 72]와 같은 모델을 생각해보

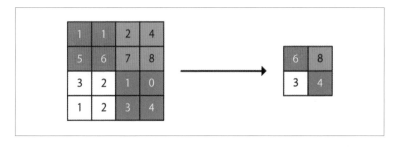

[그림 71] 최대 풀링

4개 영역 중에서 가장 큰 값을 그 4개 행렬의 대푯값으로 도입해 새로운 행렬을 만든다. 왼쪽 행렬 중 붉은 영역 4개의 최대치는 6이므로 6이 이 영역을 대표한다. 오른쪽의 분홍색 영역의 최대치는 8, 백색의 최대치는 3, 회색의 최대치는 4다. 이렇게 하면 전체의 특징을 잃지 않고 영상 데이터를 압축할 수 있다.

자. 만약 풀링 처리를 하지 않는다면 1의 글씨가 조금 어긋나거나 기울 경우 출력되는 데이터는 크게 바뀐다. 하지만 풀링 처리를 하면 조금 어긋나거나 기울어져도 그 결과는 변하지 않는다. 이렇듯 풀링 처리를 하면 다소 위치가 변하거나 기울기가 달라져도 처리가 가능하다.

입력층에서 풀링층까지의 흐름을 정리하면, [그림 73]처럼 입력 크기가 10×10 행렬의 영상을 처리하는 경우 필터를 걸어 합성곱 처리를 함으로써 영상의 특징을 추출해 8×8(=64) 행렬의 특징지도를 얻을 수 있다. 다시 풀링 처리로 4개의 행렬이 한가지로 집약되어 4×4(=16) 행렬까지 특징지도는 압축되지만,

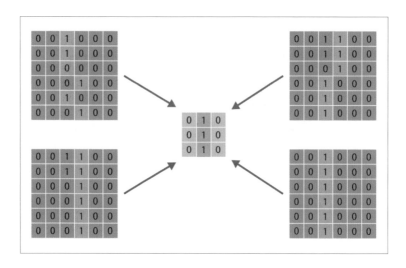

[그림 72] 풀링 처리

풀링 처리를 함으로써 물체의 위치가 어긋나거나 기울어도 처리가 가능하다. 주위에 있는 4개의 그림은 세로선(1의 값)의 위치가 조금씩 어긋나거나 기울어져 있지만, 풀링 처리를 통해 모두 비슷하게 인식된다.

영상의 대략적인 특징은 남아 있다. 입력 영상에 복수의 필터를 걸기 때문에 복수의 특징지도가 만들어지고, 어느 필터가 좋을지 학습되어 적절한 것이 선택된다.

이렇게 합성곱 처리와 풀링 처리를 여러 번 반복해 특징을 알아내면서 동시에 영상을 압축한다. 이를 통해 얻은 특징지도를 뒤에 설명할 전결합층으로 인계한다.

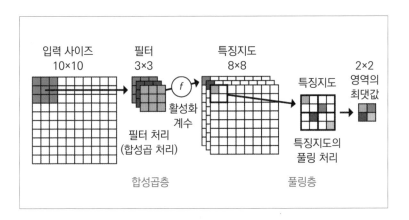

[그림 73] 합성곱층과 풀링층에서 특징지도를 작성

10×10 행렬의 영상에 필터를 걸어 합성곱 처리를 함으로써 영상의 특징이 추출되어 8×8(=64) 특징지도를 얻을 수 있다. 특징지도는 필터 수만큼 얻을 수 있다. 그다음 풀링 처리로 4개의 행렬이 1가지로 집약되어 4×4(=16) 행렬까지 압축되지만, 영상의 특징은 대략 남겨진다.

전결합층

합성곱 처리, 풀링 처리에 의해 복수의 특징지도가 만들어진다. 전결합층은 이 특징지도의 모든 것과 접속해(전결합) 정보를 받는다. 물론 중요한 특징지도에는 강한 가중치가 부여되며 그렇지 않은 것에는 약한 가중치가 부여된다. 이 가중치의 정도는 학습에 따라 최적화된다. 전결합층을 여러 개 겹치면 더욱 세련된 특징량을 뽑을 수 있다.

전결합층은 [그림 74]처럼 여러 층으로 이루어져 있고, 각 층은 복수의 노드로 구성되어 있다. 각 층의 노드(X_1, X_2⋯X_n, Y_1, Y_2⋯ Y_n)는 한 개 앞의 층 및 다음 층의 노드와 모두 결합한다. Y_1에 들 어오는 정보는 전 계층의 각 노드의 값(X_1, X_2⋯X_n)에 각각 가중치 를 부여하고, 모든 노드와 합계해 정수(바이어스)를 더한 뒤 활성 화 함수(대부분은 렉티파이어(ReLu) 함수)에 입력함으로써 얻을 수 있 다. 출력층은 활성화 함수에 의해 변환된 값을 출력한다. 탈락 은 전결합층과 출력층 사이의 일부 접속을 무작위로 끊는 것이 다. 노드 하나하나의 기본은 인공 뉴런이다.

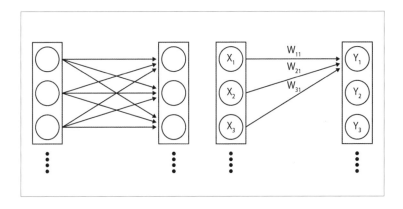

[그림 74] 전결합층

전결합층은 여러 층으로 이루어져 있으며, 각 층의 모든 노드는 다음 층의 노드로 연결 된다. 어떤 층의 노드(예를 들어 Y_1)는 앞 층의 노드 값에 각각 무게를 곱하고 그것을 합 산한다. 즉, $Y_1 = X_1W_{11} + X_2W_{21} + X_3W_{31} +$정수(바이어스)다.

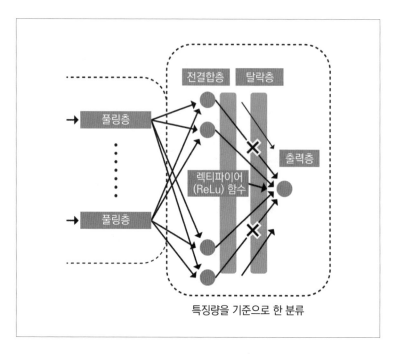

전결합층   탈락층

풀링층

렉티파이어
(ReLu) 함수

출력층

풀링층

특징량을 기준으로 한 분류

[그림 75] 합성곱 신경망에서의 탈락

여러 풀링층의 데이터는 모두 전결합층으로 집약된다. 이 결과는 렉티파이어(ReLu) 함수와 탈락 처리를 통해 출력층에 전달된다.

출력층

전결합층의 출력을 바탕으로 마지막 판정을 실시하는 층으로, 결과를 분류하기 위한 식별부가 된다. 출력층 역시 앞의 전결합층과 전부 결합한다. 전결합층과 출력층은 일반적인 신경망과 같으며, 분류에 대한 확률이 계산되어 분류가 이루어진다. 최종 출력층의 노드 수는 분류되는 수와 일치해야 한다. 예를 들어 손으로 쓴 숫자 0~9를 분류한다고 하면 10개의 출력층이 필요하고, 3종류(간암, 간 혈관종, 전이)의 간종양을 감별한다면 3개(간암, 간 혈관종, 전이)의 출력층이 필요하다. 각 출력값에서 나오는 값이 그 범주로 예측될 확률이 되며, 가장 확률이 높은 것이 최종 답이 된다.

층의 깊이와
영상 인식

합성곱 신경망의 얕은 층에서는 비교적 단순한 형태(예를 들어 가로선, 세로선, 대각선 등)만 인식한다. 하지만 은닉층이 많아지면서 점점 가로선과 세로선 등이 결합된 복잡한 형태(눈, 입, 귀 등)도 인식하게 되어 결국 인간의 얼굴도 식별할 수 있다. 즉, 딥러닝의 노드는 층이 많을수록 앞의 층이 처리한 특징을 모으고 조합해 복잡한 특징을 인식할 수 있게 된다.

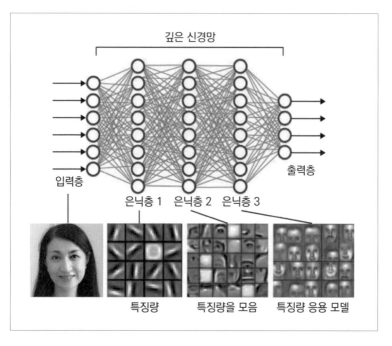

깊은 신경망

입력층

은닉층 1 은닉층 2 은닉층 3

출력층

특징량   특징량을 모음   특징량 응용 모델

[그림 76] 딥러닝에 의한 특징 묘출과 층 구조 관계

얕은 은닉층은 비교적 단순한 특징량밖에 인식할 수 없지만, 깊은 은닉층(은닉층이 많은)은 넓은 범위에서 입력을 받아 전체적인 특징량을 식별할 수 있게 된다.

    뇌의 시각피질에서도 얕은 층의 신경세포는 곡선 등과 같은 단순한 형태에만 반응하는 반면 심층의 세포는 더 복잡한 모양을 처리한다.

    합성곱 신경망은 여러 가지 영상의 해석에 사용된다. [그림 77]은 CNN을 사용해 실제 CT 영상을 감별한 논문의 예다.

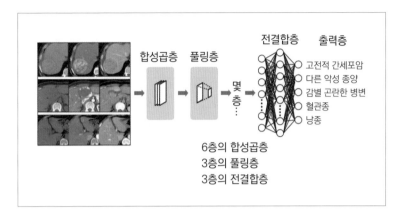

[그림 77] CNN을 이용한 CT 영상의 감별

딥러닝을 이용해 간종양을 감별한 연구. 5가지 종류의 간종양을 가진 다이내믹 CT 영상(55,536개의 사례)에서 CNN을 훈련하고, 100개 사례의 감별 능력을 검토한 결과 종류와 부문 분류 능력은 84%, 양성·악성 감별 능력은 92%였다.

참고문헌

Yasaka K et al: Deep learning with convolutional neural network for differentiation of liver masses at dynamic contrast-enhanced CT: a preliminary study Radiology 286:887-896, 2018

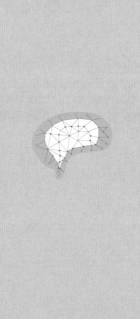

10

의료 분야에서
활용하는 AI

POINT

∨ 영상의학과 병리 진단만이 아니다. AI는 의료 전반에 응용할 수 있다.

∨ 다양한 진료 지원(Decision Support, 문진 및 간병 등), 검체검사, 정밀
의학(Precision Medicine), 예방 의료, 신약개발의 응용 등 다양한 발전
을 생각할 수 있다.

진료 지원에서의
AI 응용

AI는 의료 분야 중 심전도나 소변·혈액 분석 장치의 자동 진단 등에선 오래전부터 이용되었으나, 대부분은 제1차 AI 붐 때 시작된 것이다. 딥러닝의 출현 이래 많은 임상 응용이 시도되고 있지만, 대부분은 아직 연구 단계다. 최근 AI 의료에 대한 응용 시도나 연구 보고에서 그 방향을 살펴보자.

태블릿이나 스마트폰을 사용해 문진을 하는 AI(AI 문진 Ubie)가 이미 실용화되어 '문진 시간이 단축되고 진료에 집중할 수 있다'

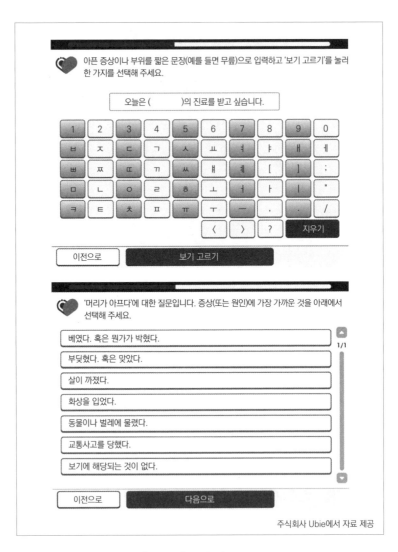

[그림 78] AI 문진 Ubie

(http://www.introduction.dr-ubie.com/)

라는 평가를 받고 있다. 또 간단한 문진을 하는 로봇도 출현한 상태다. 앞으로는 뒤에서 설명할 진료 지원 도구와 연동하고, 자연어 처리를 사용한 대규모 데이터베이스를 AI가 자동 처리하며, 질병 과거력으로부터 의심할 만한 질병을 진단해줄 것이다.

게다가 증상이나 검사 데이터로 추측할 수 있는 감별 진단이나, 확정 진단에 필요한 검사도 지시해줄 것이다. 일본에선 CT나 MRI를 비롯한 AI 검사기기가 매우 보급되어 있지만, 반드시 적절하게 사용되고 있다고는 할 수 없다.

머지 않아 다양한 임상 상황을 통해 어떤 검사를 해야 하는지

주식회사 산티에서 자료 제공

[그림 79] 문진 로봇
(http://shanti-robo.co.jp/monshin-robot/)

AI가 적절히 판단하게 될 것이다. 이것을 '임상 의사결정 지원 Clinical Decision Support, CDS'이라고 한다.

임상에서는 진단뿐 아니라 일반적인 치료법의 선택이나 약제 상호작용의 검색, 해당 환자에게 발생할 수 있는 합병증의 가능성, 입원 기간이나 예후의 추정 등 여러 단계에서 데이터를 얻고 싶은 상황이 발생한다. 그러나 현장에서 많은 데이터에 접근하는 것은 어렵기 때문에 지금까지는 의사의 어림짐작으로 판단했다.

하지만 최근엔 AI의 빅데이터를 이용한 판단 시도가 시작되고 있다. 특히 마취과 영역에서 AI나 로봇의 활약이 눈에 띈다. 미국의 제약 기업인 존슨앤드존슨J&J은 자동으로 환자에게 마취를 투여할 수 있는 로봇 '세더시스Sedasys'를 판매하며 1/10 비용으로 마취가 가능한 점을 어필했다. 그러나 마취과 의사의 일자리를 빼앗을 수도 있다는 점에서 관련 학회가 반대해 판매 중단에 내몰리고 말았다.

한편 고령화 사회에서는 간병의 영역에도 AI가 이용될 전망이다. 의료기관이나 시설 내 혹은 재택에서 치매 환자 등을 보살피는 일에 AI가 활용될 수 있을 것이다. 또 웨어러블 단말기나 여러 가지 모니터링 기기들을 이용해 생활 패턴의 정보나 생활 리듬의 데이터를 취득하고 분석하는 것이 가능해질 것이다. 그 해석 결과를 토대로 간호 현장이나 재택에서의 생활 예측 혹은 지원을 함으로써 생활 개선이 될 것으로 기대하고 있다.

검체검사에서의
AI 응용

검체검사는 이미 자동화가 많이 진행된 상태다. 출력되는 값도 디지털 데이터여서 AI와의 친화성이 매우 높고, 처리는 비교적 간단하다. 임상 데이터를 데이터베이스화해 빅데이터로써 자동 진단이나 예방 의학에 응용할 수 있다. 혈액 1,130종류의 혈중 단백질 정량 플랫폼의 빅데이터를 해석함으로써 순환기 계통 질환의 발병을 예측할 수 있는 것으로 보고되고 있다. 향후 치매 등 조기 발견이 어려운 질병의 유형 분석도 가능해질지 모른다.

최근에는 환부에서 채취한 분비물 즉 질환에서 나온 암세포, 유전자(DNA나 Micro RNA), 단백질을 고감도로 검출하는 새로운 기술인 '액체조직검사'가 주목받고 있다. 이러한 분석에도 AI 활용이 시도되고 있다.

영상 진단에서의
AI 응용

영상 진단은 방대한 의료용 영상을 이용하는 것으로, 딥러닝의 응용이 가장 기대되는 영역이다. 영상의학과 의사가 진단해야 할 검사 영상은 해마다 증가하고 있다. 그래서 의사 한 명당 부담이 더욱 커져 병변을 놓치거나 오진이 증가할 우려가 있다. 하지만 딥러닝의 영상 인식은 단순 X선 사진뿐 아니라 CT나 MRI에서도 병변 검출이 뛰어나 병변을 놓치는 사례를 대폭 줄여준다. 이전부터 컴퓨터 지원 진단(CAD)이 일부 시설에서 연구되고 있었지만, 딥러닝 기술을 사용함으로써 성능의 비약적인 향상이 기대된다(p23 NOTE 1 참고).

　구체적으로는 많은 병원에서 AI를 활용해 흉부 단순 X선 사진과 CT에서 폐암을 검출하려는 시도가 이뤄졌는데 유망한 성적이 보고되고 있다. 또 유방촬영술(맘모그래피)에도 적용되어 악성 병변의 90%를 진단할 수 있는 반면 위양성은 매우 적었다고 보고되고 있다. MRI에서도 동맥류 검출에 딥러닝이 유용하다고 보고되고 있다. 다수의 환자 영상에서 병변을 찾아내는 작업은 인간인 이상 실수가 일어날 수밖에 없기 때문에 일정 확률로

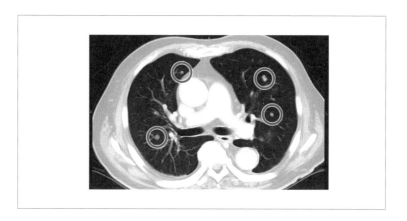

[그림 80] 갑상선암의 폐 전이(40대 여성)
영상진단지원시스템이 폐의 전이성 병변을 찾아낸다.

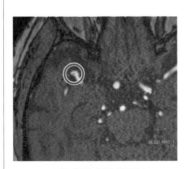
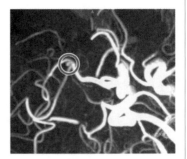

| MR 혈관 촬영 원영상 | MR 혈관 촬영 MIP 영상 |

[그림 81] 우중대뇌동맥류(60대 남성)
영상진단지원시스템이 뇌동맥류를 찾아준다.

누락이 일어나지만, AI에서는 그런 일이 발생하지 않는다. 이상
소견을 알아낼 수 있는 적절한 시스템을 구축한다면 영상 진단
은 AI가 가장 기대되는 영역이다. 앞으로는 검진 등의 1차 문진
은 거의 AI가 담당할 것이다.

병변의 감별에도 AI는 유용하다. 일본에서는 AI를 활용한 간
암이나 뇌종양의 감별 등이 많이 연구되고 있다. 영상의학 전문
지인 '라디올로지Radiology'에는 여러 가지 머신러닝 알고리즘을 사
용한 AI 보고가 넘쳐나며, 그 많은 부분에서 전문의에 필적할
만한 성적이 보고되고 있다. 하지만 실제 임상에 응용했을 경우

어느 정도의 성과를 나타낼지는 알 수 없다.

앞에서 설명한 것처럼, 딥러닝에 의한 머신러닝의 시스템을 구축하기 위해서는 다수의 증례가 필요하다. 단지 영상을 모으는 것뿐만 아니라 그 증례에 대한 진단에 '라벨 붙이기Annotation'도 필요해 해야 할 작업의 양이 방대하다. 따라서 영상과 판독 결과를 통합적으로 학습하는 시스템 개발이 필요하다.

가까운 미래에는 일반병원의 판독(X선 사진 진단)에 AI가 사용될 것이다. AI는 병원의 의료영상저장전송시스템Picture Archiving and Communication Systems, PACS에 삽입되어 병변의 검출, 일정한 질적 진단, 치료 효과 판정이나 추적검사를 목적으로 과거 영상과의 비교를 담당하게 될 것이다. 이로써 영상 진단 의사의 부담을 덜어줄 것이라 기대하고 있다. 뿐만 아니라 영상 판독 결과를 직접 작성하는 연구도 진행되고 있어 영상 진단 의사는 최종 확인만 하게 될 것이다.

영상 처리에서의
AI 응용

진단 시 자세히 보길 원하는 장기만을 나타내는 분할 기술은 영상의학의 진단과 치료에서 가장 기초가 되는 기술이다. 영상 진단을 지원하는 AI 개발에서 폐암의 검출은 폐를, 간암의 검출은 간을, 뇌동맥류라면 뇌의 혈관을 정확히 나타내는 것이 AI 진료지원의 출발점이 된다.

　방사선 치료에서 장기의 영상 분할은 장기마다 주어야 할 방사선량의 정확한 계산을 위한 시뮬레이션에 필수적인 기술이

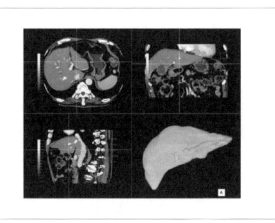

[그림 82] 간 CT 영상

CT 영상에서 컴퓨터가 자동으로 간을 나타낼 수 있다.

다. 현재는 개인 차이, 질환의 유무, 촬영 조건의 차이 등의 영향을 받기 어려운 장기묘출 기술의 개발이 진행되고 있으며, 이 기술에도 AI 기술이 사용되고 있다. 과거 영상과 비교하는 경우 과거 영상과 현재 영상에서 몸 구조의 위치 재구성Registration을 정확하게 파악하는 데도 AI가 이용된다. 또 호흡 시 몸의 움직임을 추적해 비교하는 조사에도 응용할 수 있다.

최근에는 영상 재구성에도 딥러닝 기술이 사용되고 있다. 저자의 연구실에서는 MRI의 화질을 향상하기 위해 딥러닝 기술을 이용해 3T 기계에서 7T 정도의 영상을 얻는 데 성공했다. 뿐만 아니라 MRI로 CT 같은 영상을 만들어 낸다는 보고도 있다.

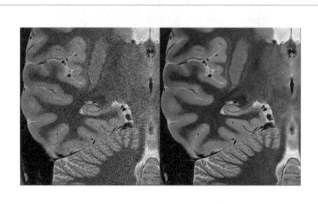

[그림 83] MRI의 딥러닝 재구성

짧은 시간을 들여 찍은 거친 영상에 대해 시간을 들인 예쁜 영상을 지도영상으로 훈련시킴으로써 거친 영상에서 예쁜 영상을 얻을 수 있다. 이를 '딥러닝 재구성(Deep Learning Reconstruction)'이라고 부른다. 왼쪽 그림은 8cm 범위, 2mm로 얇게 자른 두께의 영상인데, 통상 3테슬라의 MRI에서는 까칠함이 두드러진다. 오른쪽 영상은 왼쪽 영상에 대해 딥러닝 재구성을 한 것으로, 7테슬라보다 예쁜 영상을 얻고 있다.

병리 진단에서의
AI 응용

최근에는 병리 슬라이드 스캐너를 이용해 병리 표본 절편의 슬라이드를 통째로 디지털화Whole slide imaging, WSI하는 디지털병리가 가능하다. 병리 진단도 영상 진단과 마찬가지로 AI의 활용이 매우 기대되는 영역으로, 실제로 AI를 이용한 원격 진단이 행해지고 있다. 하버드대와 매사추세츠 공과대학의 연구팀이 개발한 딥러닝으로 훈련된 시스템과 경험이 있는 병리의사가 진단 능력을 겨룬 결과, AI가 압승한 것은 유명한 이야기다. 또 2016년에 열린 암 진단 콘테스트Camelyon Grand Challenge에서 인공지능의 오진율은 7.5%, 병리의사의 오진율은 3.5%였지만, 인공지능과 의사의 진단 공용으로 오진율이 0.5%까지 감소했다고 보고되었다. 영상 진단 의사와 마찬가지로 병리의사도 점점 부족해지고 있어 보조 진단으로써의 실용적인 AI 개발이 기대되고 있다.

그 외의 영상에
사용되는 AI

의료 영상은 영상의학 영상이나 병리 영상뿐만이 아니다. 여러 영역에서 영상 진단이 사용되고 있어 장기적으로는 AI가 사용될 가능성이 크다.

위암의 대부분은 만성 위염에서 발생하는데, 위내시경을 통해 만성 위염 속에서 위염과 비슷한 위암을 찾아내는 것은 경험을 쌓은 의사라도 쉽지 않다. 그래서 딥러닝을 이용해 고정밀도로 위암을 검출할 수 있는 내시경 영상진단지원시스템이 개발

[그림 84] 내시경 영상의 AI 진단
병변부가 있으면 내시경 영상에 마킹되며, 암일 확률도 표시된다.

되고 있다. 매우 많은 위암 내시경 영상을 머신러닝에게 학습시키고 병소 검출 능력을 검증한 결과, 6mm 이상의 종양에서는 100%에 가까운 위암 검출 능력을 보여 숙련된 내시경 의사의 수준에 버금가는 성적을 얻고 있다. 대장내시경 영상에 의한 염증 자동 검출이나 캡슐 내시경의 응용도 이루어지고 있다.*

피부과 영역에서도 AI의 응용이 진행되고 있다. 2017년에는 구글이 개발한 알고리즘을 사용해 네트워크에서 약 13만 건의 피부 병변의 영상을 수집하고, 악성 흑색종이나 양성 종양 등을 딥러닝으로 학습시켰더니 피부과 의사와 동등할 정도로 피부암

---

* 역주: 대장내시경 시 절제한 용종이 무엇인지, 선종이라면 현재 암일 확률이 몇 %인지 감별하는 AI가 일본 의사들에 의해 개발되어 현재 올림푸스사에서 판매되고 있다.

을 진단할 수 있었다. 안과 영역에서도 컴퓨터가 많은 안저 영상을 학습한 뒤 당뇨병 망막증의 높은 진단 능력을 얻었다고 보고되고 있으며, 실제 이 기술은 FDA의 승인을 받았다. 이처럼 영상이 이용되는 여러 가지 영역에서 AI가 이용 가능하다.

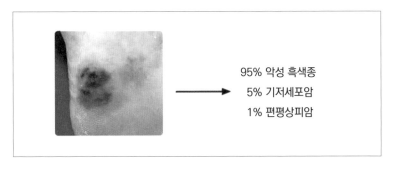

95% 악성 흑색종
5% 기저세포암
1% 편평상피암

[그림 85] 피부 병변의 AI 진단

흑색종 등의 피부암을 비롯한 피부 종양을 고정밀도로 판별할 수 있는 영상 인식 모델이 개발되고 있다.

정밀의학이나
예방 의료에서의 AI 응용

유전자 검사를 하지 않은 환자에게 항암제 게피티니브를 투여할 경우 효율이 27.5%인 반면, 유전자 분석 결과 EGFR 변이를 지닌 양성 환자에게 투여할 경우 효율이 76.4%로 상승한다는 보고가 있다. 즉, 유전자 해석 결과를 바탕으로 유효성이 높다고 생각되는 환자에게만 투여하면 보다 효과적이고 효율적인 치료가 가능해진다. 향후 많은 약물치료는 AI의 유전자 해석 결과에 근거해 적절한 약물이 선택될 것이다.

유전자 정보는 염기서열로 해독된다. 그러나 전체 유전자 염기서열로 얻을 수 있는 암세포의 변이 정보는 천, 만, 십만의 규모에 이르며, 그 변이Driver Mutation 하나하나에 대해 어느 것이 암을 일으키는 변이인지, 치료하는 약제는 무엇인지를 전체적으로 해석하려면 엄청난 노력이 필요하다. 이렇게 되면 슈퍼컴퓨터가 필요하다.

하지만 AI를 활용하면 고속화되고 포괄성이 높아져 돌연변이가 일어난 곳을 단시간에 발견할 수 있다. 또 다수의 변이 정보, 후성 유전체Epigenome 정보, 임상 정보 등을 빅데이터로 집적해 포괄적으로 해석한다. 이로 인해 신규 질환의 원인이 되는 유전자 탐색이나 신약개발의 응용이 예상되어 섬세한 개인별 맞춤 의료를 실현할 수 있을 것이다.

또 전체 유전자의 염기서열 해석으로 유전자 배열 중 특정의 한 개 염기에 대한 개개인의 다른 변이(단일염기다형성 : SNPs)가 대량으로 발견될 것이다. SNPs를 임상 정보 등과 조합해 AI로 분석하면 생활습관병 등 질병을 발병시킬 수 있는 위험 요소를 높은 정밀도로 측정하는 것이 가능해져 예방 의료에 이용될 수 있을 것이라 기대된다.

신약개발에서의
AI 응용

신약은 기초 연구 시작부터 임상 현장에서 사용하게 될 때까지 10년 이상, 개발비는 평균 1조 원 정도 든다. 하지만 AI를 활용하면 개발 기간을 줄이고 비용을 대폭 삭감할 수 있을 것으로 기대하고 있다.

신약을 개발하려면 병의 원인이 되는 단백질의 기능을 억제하는 화합물을 찾아야 하는데, 인체를 구성하는 단백질은 10만 개 이상이며 화합물의 종류 또한 무수히 많다. 실험실에서 단백질과 화합물의 조합을 시험하는 것은 사실상 불가능하다. 그래서 'AI 신약개발(혹은 인실리코(In Silico) 신약개발: 컴퓨터를 활용한 후보 화합물의 검토)'이 최근 주목받고 있다. 이것은 단백질과 화합물의 결합 데이터를 AI에 학습시켜 결합 패턴을 규칙화하고, 미지의 단백질과 화합물의 결합을 예측해 신약 후보의 화합물을 찾아내는 시도다. 뿐만 아니라 화합물의 화학구조를 컴퓨터 스스로 생각하게 하는 연구도 진행되고 있다.

기존의 의약품 화합물의 데이터(구조식, 독성 등)를 이용해 머신러닝을 학습시키면 의약품 후보 화합물의 독성 유무 등에 대해서도 예측할 수 있게 될 것이다. 사람에 대한 독성 예측이 사전에 가능해지면 개발 중지 위험이 감소할 것이다.

간병에서의
AI 응용

초고령 사회에 돌입한 일본에서 간호는 큰 사회적 문제다. 요양원의 인력 부족, 집에서 노인이 노인을 간병하는 일 등 문제가 심각해져 그에 대한 하나의 해결 방법으로 간병 로봇이 등장했다. 간병 로봇은 정보를 감지하고(센서계), 판단하고(지능·제어계), 동작하는(구동계) 기능이 조합된 것으로, 이 판단 부분에 AI가 사용된다. 간병 로봇은 주로 3가지 역할을 한다.

첫 번째, 이동·입욕·배설 등 간병인의 부담 감소

간호의 업무량 자체를 줄일 뿐 아니라 간병자의 신체적 부담
이 경감된다. 간병 로봇의 돌봄으로 간병 등의 정신적 부담이
되는 업무도 덜 수 있다.

두 번째, 보행·재활·식사·독서 등 피간병인 자립 지원

고령자(피간병인)의 자립 지원이 가능하다. 저하된 신체기능을
보조해 자립을 촉진하며, 로봇기술을 응용한 훈련이나 재활 훈
련을 실시하기도 한다.

세 번째, 의사소통·보안을 통한 정신적 돌봄과 보살핌

의사소통 로봇은 AI를 활용해 사람의 감정이나 기호를 파악
하고 대화하는 것이 이미 실용화되어 있다.

현재 일본은 국가적으로 간병 로봇의 개발·보급을 진행하고
있는데, 특히 [그림 86]과 같은 6개 분야 13항목을 중점적으로
개발을 추진하고 있다.

분야	항목		
1	침대 오르내림 간병 보조	 장착형	 비장착형	
2	이동지원	 실외형	 실내형	 장착형 보행 지원
3	배설 지원		 배설 예측	 화장실 내 지원
4	인지 감시용의 방향과 보기	 간병시설용	 재택간병용	 의사소통 로봇
5	목욕 지원			
6	간병 업무 지원			

일본 후생노동성·경제산업성 '로봇기술의 간호 이용에 있어서의 중점 분야'에서 인용

[그림 86] 간병에 활용할 로봇기술의 중점 분야

참고문헌 ——

(1) AI 問診 Ubie https://www.introduction.dr-ubie.com/

(2) Shanti ロボット連携問診システム http://shanti-robo.co.jp/monshin-robot/

(3) 医療用麻酔ロボット，医者の職を奪うとして市場から追い出される。メーカーは
     3000 人規模のリストラへ https://japanese.engadget.com/2016/03/30/3000/

(4) Ganz P et al: Development and Validation of a Protein-Based Risk Score for Cardiovascular
     Outcomes Among Patients With Stable Coronary Heart Disease.
     JAMA. 21;315:2532-2541, 2016

(5) Ali I et al: Lung Nodule Detection via Deep Reinforcement Learning. Front Oncol. 16 (8):
     108, 2018

(6) Ribli D et al: Detecting and classifying lesions in mammograms with Deep Learning.
     Sci Rep. 8: 4165, 2018

(7) Nakao T et al: Deep Neural Network-based Computer Assisted Detection of Cerebral
     Aneurysm in MR Angiography. J Magn Reson Imaging 47 (4): 948-953, 2018

(8) 富士フイルム REiLi http://reili.fujifilm.com/ja/

(9) 山下康行ほか, 画像給付における人工知能(AI)技術, 臨床放射線 62:1213-1215, 2017

(10) Liu F et al: Deep Learning MR Imaging-based Attenuation Correction for PET/MR
      Imaging. Radiology 286: 676-684, 2018

(11) Ehteshami BB et al: Diagnostic Assessment of Deep Learning Algorithms for detection
      of lymph node metastases in women with breast cancer. JAMA. 318:2199-2210, 2017

(12) Hirasawa T et al: Application of Artificial Intelligence using a Convolutional Neural
      Network for Detecting Gastric Cancer in Endoscopic Images. GastricCancer 21: 653-
      660, 2018

(13) AI を活用したリアルタイム内視鏡診断サポートシステム開発: 大腸内視鏡検査で
      の見逃し回避を 目指す https://jpn.nec.com/press/201707/20170710_01.html

(14) Esteva A et al: Dermatologist-level Classification of Skin Cancer with Deep Neural
      Networks. Nature 542:115-118, 2017

(15) Gulshan V et al: Development and Validation of a Deep Learning Algorithm for Detection
      of Diabetic Retinopathy in Retinal Fundus Photographs. JAMA. 316:2402-2410, 2016

(16) 肺癌患者における EGFR遺伝子変異検査の手引き
      https://www.haigan.gr.jp/uploads/files/photos/810.pdf

(17) 介護ロボット ONLINE https://kaigorobot-online.com/

(18) "空気"を読んで雑談するロボ: コミュニケーションロボット、日経ビジネス、1966、108-110、
      2018

11

AI 시대의
의료

POINT

∨ 의사의 업무에 싱귤래리티(AI 능력이 인간의 능력을 능가하는 전환점)는 당분간 오지 않는다. 우선은 AI를 알고 활용해 나가자!

∨ AI는 일의 보조, 기술 및 정보의 평등화, 의료 안전에 힘을 발휘한다.

∨ AI 도입에 있어서 개인정보의 문제, 과정의 블랙박스화 문제, 책임소재의 문제, 질 평가 등 여러 과제가 있다.

의사는 AI와
어떻게 같이 일할 것인가?

의료 분야에서 AI의 활용은 우리가 예상한 것보다 빠르게 발전하고 있다. 대량의 빅데이터가 AI에 의해 통합적으로 이용·해석·학습됨으로써 새로운 진료 방법(특징량)이 등장할지도 모른다. 의사의 역할 역시 크게 바뀔 수 있다. 특히 고령화 사회를 맞이해 의료 수요가 점점 높아지는 일본에서는 의료 종사자가 AI를 유효하게 활용해 최첨단 의료나 예방, 간호를 효율적으로 실시할 필요가 있다.

옥스퍼드대학에서 발표한 논문에 따르면 향후 10~20년 이내에 47%의 일을 AI에게 빼앗길 것이며, 그렇게 될 가능성이 높은 직업으로 일반 사무원이나 소매점 판매원, 세일즈맨이 다수 거론되고 있다. 반면 의사는 29.2%의 확률로 AI에게 일자리를 빼앗길 가능성이 낮은 직종으로 여겨진다.

실제 의사의 업무 중 AI로 대체되는 일은 어느 정도가 될까? 현재 대부분의 의사는 매우 바쁘기 때문에 당분간 일을 빼앗긴다라기보다는 도움을 받는다고 생각할지 모르나, 장기적으로 보면 AI로 대체되는 업무가 많을 것이다. 의사의 업무는 다양하다. 내과, 외과로 대별되지만, 오로지 진단만 하는 영상의학 진단 의사나 병리 진단 의사와 같은 일도 있다. 각 분과 전문분야Subspeciality에서 AI가 의사의 일에 어떻게 영향을 미칠지 생각해보자.

우선 영상의학 진단이나 병리 진단 업무는 상당 부분 AI로 대체 가능하다. 물론 의료사고 발생 시 책임 문제 등을 생각하면 AI가 최종 진단을 수행하기는 어렵겠지만, 적어도 판독 보조로써는 매우 도움이 될 것이다. 특히 의료안전 관점에서 볼 때 실수 방지에 AI가 큰 도움이 될 것이다. 단, AI에 다량의 지도학습 데이터를 학습시켜야 하기 때문에 실현되기까지는 상당한 시간이 걸릴 것 같다.

마취과 역시 AI와 로봇이 도움이 된다고 여겨지는 영역이지만, PART 10에서도 언급했듯이 미국의 마취과학회는 마취과 의사의 일을 AI에게 뺏기는 게 아니냐는 우려로 부정적 입장을 취하고 있다. 그러나 현재 마취과 의사가 부족한 상황을 고려하면, 슈퍼 마취 로봇이 개발되어 마취의에게 도움을 줄 것으로 예상된다.

일반 내과 진료에서도 AI는 큰 도움이 될 것이다. 의료는 점점 복잡해지는 데 반해 정확한 진단을 하기 위해선 방대한 정보가 필요하기 때문이다. 인간과 달리 AI는 입력된 데이터만으로 환자를 냉정하게 진단해 사람이 저지를 수 있는 선입견이나 착각에 기인한 오진을 없앨 수 있어 정확한 진단 제안이 가능하다. 그리고 정확한 진단에 근거해 전문가가 아니더라도 적절한 치료법 선택이 가능해질 것이다.

외과 수술에서도 로봇 수술이나 내시경의 발전에 따라 일정 부분은 AI가 대행할 수 있을지도 모른다. 이미 많은 수술이 직접 장기에 손을 대지 않고 모니터를 보며 수술(로봇 수술)하는 것이 가능하다. 지금까지는 난이도가 높은 수술은 높은 기량을 가진 의사에 의존할 수밖에 없었지만, 로봇기술의 보급에 따라 문턱이 낮아질 가능성이 있다. 그러나 진단 분야와 마찬가지로 어디까지나 외과의사에 대한 보조 수단으로 자리매김할 것으로 생각된다. 마치 비행기 조종이나 자동차 운전에 컴퓨터가 도움을 줌으로써 인간이 실수하는 것을 예방하듯이 기술의 평준화나 의료안전 면에서는 장점이 크다.

이처럼 여러 가지 영역에서 의사의 업무는 AI에 의해 큰 폭으로 개선되어 업무의 질도 크게 달라질 것이다.

의료에 AI를 도입할 때
논의해야 할 것은?

AI를 의료 분야에 도입할 때 윤리상·법규상의 문제점을 고려해
야 한다.

▌데이터의 취득과 이용에 관한 문제(개인정보보호 등의 문제)

AI를 트레이닝하기 위해서는 많은 임상 사례에 기초한 다량의

양질 데이터가 필요한데, 이 중에는 개인정보가 포함되어 있다. 자칫 사생활이나 인권, 사적 권리, 이익을 침해할 가능성이 높다. 익명화가 제대로 이루어질지, 개인정보의 비밀 보호는 충분히 담보될지, 동의는 어떤 형태로 받을지(옵트인·아웃*) 등에 대해 논의할 필요가 있다. 어떤 범위의 데이터 취득을 허용할지, 정보를 어떻게 취득하는지, 어디까지 이용 가능한지 명확히 해두지 않으면 수집한 데이터를 이용할 수 없게 될 수도 있다.

판단 과정 중 불투명성에 의한 문제

AI는 판단 과정이 블랙박스화되어 있어 어떻게 정보를 인식하고 판단하는지 모르는 일이 적지 않다. 그 때문에 잘못된 판단이 이루어져 불이익이 생길 경우 원인 추궁이 곤란해질 가능성이 있다. 또 AI는 기본적으로 인과관계를 이끌어내는 것은 잘하

---

* 역주 : 개인정보 수집과 이용에 대한 동의를 개인정보 활용 전에 미리 받는 것은 옵트인(Option In)이고, 개인정보 활용 이후 거부하는 사람에 한해 활용을 중지하는 것은 옵트아웃(Option Out)이다. 우리나라는 개인정보 활용에 있어서 옵트인 방식을 채택하고 있다.

지 못한다. A와 B의 현상을 동시에 알 수 있어도 전부 우연일 수 있고, A와 B 이외의 관련된 요소(공통 요인)가 있을지도 모른다. 역으로 B이기 때문에 A가 되었다는 것도 알기 어렵다(이러한 상태를 '피상적인 인과관계'라고 한다). AI가 상관이 있다고 판단해도 반드시 거기에 인과관계가 있다고는 할 수 없기 때문에 주의가 필요하다.

┏ AI의 책임과
   의사결정을 둘러싼 의론

AI에 의해 여러 가지 임상 판단이 이루어졌을 경우 그 책임소재가 문제가 된다. 의사는 병력, 신체 소견, 검사 수치, 영상 진단 결과 등의 임상 데이터와 과거의 경험, 때로는 육감을 동원해 진단하지만 AI는 해당 데이터만 바탕으로 진단한다. 하지만 CT 영상에서 종양이 검출되거나 MRI 혈관 촬영에서 동맥류를 발견할 경우 개개의 환자가 어떻게 치료를 받아야 하는지는 환자의 배경과 상황을 보고 고려해야 한다. 치료법을 제시하는 AI라면 AI가 선택한 치료가 정말 그 환자에게 적절한지 최종적으로 의사가 책임지고 판단할 필요가 있다. 또 그때까지 수집된 데이터에 전혀 해당하지 않는 새로운 의료지식에 대해선 AI의 예측 정밀도가 현저하게 저하될 우려가 있다. AI는 긴급 시 판단 능력이 떨어져 예상외의 상황에서는 적절한 판단을 할 수 없을 가능성도 있다.

또 유전자 해석에 의한 장래의 질병 예방 등 개인에게 이익이 되는 정보는 물론 여러 가지 예상하지 못한 정보도 얻을 수 있다. 조기에 치료할 수 있는 질병을 발견했다면 환자에게 이익이 되지만, 불치병인 경우 그 결과를 어떻게 전달할 것인지 등에 대한 논의가 필요하다.

기본적으로 AI에 최종 판단을 맡기는 것은 매우 위험한 일이라고 생각한다. AI의 예측은 일반적인 해결에 불과하다. 의사는 그대로 받아들일 것이 아니라 AI의 예측에 더해 각종 상황을 근거로 최종적인 의사결정을 내려야 한다. AI는 책임을 질 능력이 없으며 어디까지나 진료의 보조 수단에 불과하다. 결코 의료의 모든 행위를 AI로 대치할 수 없다. 또 현재의 AI는 설명할 수 있는 능력이 없기 때문에 환자에게 알기 쉽게 전달하는 것도 의사의 몫이다.

진단 지원에 대한
질의 평가나 규격의 설계

의료는 사람의 생명과 관련된 분야이며, AI의 유효성과 안전성이 충분히 확보되지 않으면 제품화는 불가능하다(이상한 답을 내놓는 AI라면 제품화는 말도 안 되는 일이다). 연구 단계라면 여러 가지 도전을 할 수 있지만, 의료기기로써 판매될 경우 안전성과 유효성에 대한 세세한 심사와 평가가 필요하다. 또 기본적으로 심층 학습을 임상에 응용한 모델은 특정 과제에만 유용하고, 다른 과제에 대해서는 무효하기 때문에 새로운 설계가 필요하다. 그래서 비교적 단순한 작업을 AI로 대체하는 것은 머지않아 가능해질 것으로 생각되지만, 복잡한 의료 업무를 AI에 맡기려면 아직 시간이 걸릴 것이다.

지금부터 의사에게
요구될 것들

바둑의 세계에서 인간은 AI를 이길 수 없다거나, 인간으로서는 도저히 생각할 수 없는 임상 진단을 왓슨은 가능하다는 등의 뉴스를 들으면 AI의 미래가 두려워지고 혹 신의 영역에 도달하지 않을까 하는 착각을 하게 된다. 그러나 AI, 특히 딥러닝은 단순한 전기회로인 인공 뉴런의 집합체에 불과하다. AI에 대해 알면 알수록 인간 뇌의 복잡성이나 신비성에 놀라지 않는가? AI가 정신을 지배하는 일은 당분간 있을 수 없고, AI가 환자들의 마음

속에 들어와 마음을 헤아릴 수도 없다. 환자를 다면적으로 분석하거나 환자를 강하게 설득하는 것도 무리다. AI의 판단을 환자가 그대로 받아들일 수 있다고도 생각하지 않는다. 물론 환자에 대해 책임지는 것도 AI는 할 수 없다.

AI가 할 수 있는 일은 조금씩 맡겨야 하겠지만, 임상 현장은 예측 불가능한 일이 많아 AI가 하지 못 하는 일투성이다. 그런 의미에서 의사의 일에 싱귤래리티는 당분간 오지 않을 것이라고 장담할 수 있다. AI가 활약할 미래의 의사에게는 사람 대 사람의 상호작용이나 지식, 체험, 가치관 등을 종합한 전체를 아우르는 인간적인 판단력, 책임을 지고 문제를 해결해나가는 자세가 요구된다. 환자와 일대일로 마주 보고, 사람만이 할 수 있는 치밀한 의사소통을 통해 환자에게 더 나은 선택을 하도록 하는 것이 무엇보다 중요하게 될 것이다.

영상 진단 싱귤래리티   NOTE 11

2016년, 딥러닝의 일인자인 캐나다 토론토대학의 제프리 힌튼 교수는 '5년이 지나면 영상 진단은 대부분 딥러닝이 도맡게 되어 영상의학과 의사는 필요 없을 것이다'라고 예언했지만, 실제 그 벽은 매우 높고 20년 정도는 더 걸릴 것 같다. 컴퓨터에 의한 판독은 기술적으로 어느 정도 가능하지만, 많은 증례를 사용해 컴퓨터를 훈련시키는 것은 매우 힘든 일이다. 질환의 종류도 매우 다양해 완전히 컴퓨터로 대체하는 것은 비현실적이다. 오히려 영상의학과 의사를 돕는 유력한 도우미가 될 것으로 기대하고 있다.

영상의학 진단의나 병리의에게

나는 의사지만 내과의사나 외과의사와 달라서 환자와 접할 기회가 많지 않다. 그만큼 AI에게 일자리를 빼앗기지 않을까 하는 막연한 공포감이 있었다. 병리의사들도 마찬가지일지 모른다. AI의 발전에 따라 영상 판독의 부하는 확실히 가벼워질 거라고 생각한다. 그러나 환자에게 최종 진단을 하는 것은 역시 의사의 몫이다.

영상 진단 의사나 병리의사가 취급해야 할 사항은 다양화되고 있다. 임상의에 대한 정보 제공 외에 검사실 내에서의 정밀도 관리나 피폭 관리 등도 필요하다. 콘퍼런스나 CPC, 병리 해부, 연수나 의료 보조인력 교육 등 다양한 활동도 요구되고 있다. AI 시대의 영상 진단 의사와 병리의사는 영상 진단과 조직 진단만 하면 되는 것이 아니라 영상이나 병리 표본에서 얻을 수 있는 정보와 임상, 환자의 간극을 메꾸는 것, 중간관리 등 새로운 역할이 생겨나리라 생각한다.

참고문헌

(1) オックスフォード大学でAI の研究を行うマイケル・A・オズボーン准教授の論文 「雇用の未来」http://www.oxfordmartin.ox.ac.uk/downloads/academic/The_Future_of_Employment.pdf

(2) 医療用麻酔ロボット, 医者の職を奪うとして市場から追い出される＼メーカーは 3,000 人規模のリストラへ https://japanese.engadget.com/2016/03/30/3000/

(3) 第Ⅸ次 学術推進会議 報告書 人工知能（AI）と医療 http://dl.med.or.jp/dl-med/teireikaiken/20180620_3.pdf

(4) AI の法規整をめぐる基本的な考え方- 経済産業研究所 https://www.rieti.go.jp/jp/publications/dp/17j011.pdf

찾아보기

의료
AI
입문

펴낸날 초판 1쇄 2020년 11월 16일

지은이 야마시타 야스유키
옮긴이 양형규

펴낸이 양형규
책임 편집 장문정
디자인 정윤경
제작처 상식문화

펴낸 곳 양병원 출판부
출판등록 제13호(윤) 1997년 4월 14일
주소 서울시 강동구 진황도로 128, 2층
전화 02-480-8014
팩스 02-480-8209
E-MAIl yanghs@yangh.co.kr
홈페이지 www.yangh.co.kr

ISBN 978-89-94863-12-2 03320

• 이 도서의 국립중앙도서관 출판예정도서목록(CIP)은 서지정보유통지원시스템 홈페이지(http://seoji.nl.go.kr)와
국가자료종합목록 구축시스템(http://kolis-net.nl.go.kr)에서 이용하실 수 있습니다. (CIP제어번호 : CIP2020046087)